O Rochedo dos Amantes

O Rochedo dos Amantes

PELO ESPÍRITO
Antônio Carlos

PSICOGRAFIA DE
Vera Lúcia Marinzeck de Carvalho

LÚMEN
EDITORIAL

O Rochedo dos Amantes
pelo espírito Antônio Carlos
Psicografia de Vera Lúcia Marinzeck de Carvalho

15ª edição – julho de 2012

Direção editorial: *Celso Maiellari*
Coordenação Editorial: *Fernanda Rizzo Sanchez*
Preparação de originais: *Valeska Perez Sarti*
Revisão: *Sérgio de Moura Santos*
Projeto Gráfico: *Casa de Ideias*
Impressão e acabamento: *Bartira Gráfica*

Dados Internacionais de Catalogação na Publicação (CIP)
(Câmara Brasileira do Livro, SP, Brasil)

Carlos, Antônio (Espírito).
O rochedo dos amantes / pelo espírito Antônio Carlos; psicografia de Vera Lúcia Marinzeck de Carvalho. – São Paulo: Lúmen, 2012.

ISBN 978-85-86474-14-9

1. Espiritismo 2. Obras psicografadas 3. Romance espírita
I. Carvalho, Vera Lúcia Marinzeck de. II. Título.

12-07040 CDD-133.93

Índice para catálogo sistemático:
1. Romances espíritas psicografados : Espiritismo 133.93

LÚMEN EDITORIAL

Rua Javari, 668
São Paulo – SP
CEP 03112-100
Tel./Fax: (0xx11) 3207-1353
visite nosso site: www.lumeneditorial.com.br
fale com a Lúmen: atendimento@lumeneditorial.com.br
departamento de vendas: comercial@lumeneditorial.com.br
contato editorial: editorial@lumeneditorial.com.br
siga-nos nas redes sociais:
twitter: @lumeneditorial
facebook.com/lumen.editorial1

2012

Sumário

I A aldeia ... 9
II A velha igreja ... 23
III O Rochedo dos Amantes ... 47
IV Festa na gruta ... 63
V Buscando ajuda entre os encarnados ... 85
VI Histórias de amigos ... 105
VII Conversando com o bando ... 115
VIII A senhora do solar ... 131
IX A prisão ... 151
X O passado de Ambrózio ... 173
XI O amor ... 185

Esta é uma história verídica.
Os personagens ganharam nesta narração outros nomes.
Também não identifico o local em que ocorreram os fatos para que não possam os envolvidos neste drama serem reconhecidos.
Que o Pai Maior nos proteja e abençoe!

Antônio Carlos – São Carlos – 1995

A aldeia

I

Era uma tarde ensolarada de domingo, quase ao crepúsculo, quando conheci Jair. Estava nosso personagem sentado numa grande pedra, olhando o mar, fascinado.

Atrás dele, uma aldeia quase adormecida. Podia-se com um simples olhar contar as pequenas casas que contornavam uma única rua, tendo ao centro uma pequena capela. As casas de tijolos eram poucas, pintadas de verde-claro ou branco. Mas a maioria era construída com barro e taquara. O comércio consistia em um armazém-bar e uma oficina de barcos, onde se faziam consertos e se construíam pequenas embarcações de pesca.

Os moradores ou viviam da pesca, ou eram pequenos agricultores. De cima da pedra onde estávamos, víamos as pequenas plantações de diversos cereais, que eram consumidos pelos próprios moradores, cujas sobras eram levadas para serem vendidas na cidade vizinha. Este centro maior ficava a sessenta quilômetros pela estrada esburacada e poeirenta; mas de barco, pelo mar, ficava bem mais perto. Esta cidade também não era grande, mas, em relação à aldeia, era um lugar com recursos, onde havia médico, remédios e mercadorias para serem compradas ou para se sonhar em adquirir.

– Que lugar encantador! – exclamei maravilhado.

A natureza ali se fazia pródiga; o mar de um azul lindo parecia transparente nos lugares mais rasos e se podia ver os peixinhos a nadarem despreocupadamente. A praia não era muito extensa, tinha areias claras e pequenas e lindas pedras escuras, quase negras. Quando as ondas quebravam, formavam espumas brancas que se desmanchavam na areia. Em volta da minúscula praia estava o rochedo. Lindas pedras de interessantes formatos. Um paredão natural onde as águas batiam sem descanso. Alguns coqueiros e poucas árvores se agitavam dando vida àquele lugar, que mais parecia uma pintura de um artista inspirado.

Ali estava com um amigo, Ambrózio, que, quebrando meu estupor, me disse sorrindo:

– Antônio Carlos, aqui está Jair, a causa principal de nossa presença na aldeia.

Olhei para Jair, menino ainda, doze anos talvez, cabelos curtos e castanhos, olhos profundos, enigmáticos, rasgados, lembrando nossos irmãos orientais. Com nariz reto e lábios finos parecia desconhecer o sorriso. Apresentava-se descalço, calças curtas e presas com um cordão e uma camiseta de mangas curtas.

– Tem nosso amigo quinze anos – Ambrózio completou a informação.

Voltei a olhá-lo, mas agora como médico a examiná-lo.

– Está com anemia, é magro e baixo para sua idade. Tem três focos de infecção pequena na perna esquerda que merecem cuidado.

– Poderia ajudá-lo? – indagou meu amigo Ambrózio.

Afirmei com a cabeça e comecei a trabalhar com a atenção voltada para as três infecções logo acima do tornozelo, do lado externo da perna, formando um triângulo equilátero. Após uns minutos, vi que um sangue mórbido e pus vazavam e escorriam pelo seu pé.

Jair olhou seu ferimento sem se emocionar, desceu pelas pedras e lavou a perna na água limpa do mar.

– Vai sarar logo – disse.

– Vai? – falou Ambrózio duvidando. – Acho que não!

Estava curioso para saber dos detalhes que envolviam aquela aldeia perdida no litoral brasileiro. Aguardaria o desenrolar dos acontecimentos, mas ousei perguntar:

– Ambrózio, Jair mora na aldeia?

– Sim, naquela casa de barro do lado esquerdo daquela frondosa árvore. Vê? – indagou mostrando a casa e continuou. – Mora com os pais e dois irmãos. A família é numerosa: seis filhos, todos homens, os mais velhos estão na cidade vizinha, onde trabalham.

Jair novamente voltou à posição anterior. Olhava o mar de cima da pedra, quase não se movia. Poucos ruídos se ouviam, o barulho das ondas e, às vezes, o canto de alguma gaivota ou pássaro. O sol perdia-se no horizonte anunciando que logo se esconderia, deixando a noite reinar.

A não ser pelo movimento de um ou outro habitante que voltava do trabalho para casa e do balanço das folhas dos coqueiros pelo vento, tudo parecia, naquela pequena vila, sem vida, quieto e triste.

Olhei para Ambrózio, que meditava sentado a alguns metros do garoto. Silenciosamente, esperei pelas suas explicações. Ainda ressoavam em minha mente as palavras de um amigo comum: "Antônio Carlos, gostaria que acompanhasse Ambrózio em uma tarefa interessante". Fez uma pausa e me observou, a palavra interessante tivera o efeito desejado. Com um sorriso franco, continuou este caro amigo: "Ambrózio tem permissão de ir à Terra em trabalho para ajudar Sara, que em encarnação anterior foi Nizá. Você acompanhará este amigo e o auxiliará a ajudar espíritos queridos em momentos difíceis".

Certamente o acompanhei com imenso prazer. E ali estávamos. Observei Ambrózio. Muito simpático, forte, rosto grande, sorriso aberto e olhar profundo.

Era quase noite, a claridade escasseava. Olhei para o menino, sua aura estava suja, carregada de fluidos inferiores que não se concentravam em nenhuma parte do corpo, pois, se isso acontecesse, ele adoeceria gravemente. Esses fluidos circulavam como uma corrente elétrica em volta do seu corpo. Já tinha visto muitas auras assim. E para cada caso, um fato diferente contribuía para que essa energia negativa estivesse desse modo. Normalmente, algo de muito errado acontecia. Pessoas assim ou estariam fazendo o mal ou colaborando com a maldade. Jair era médium, notei logo que o vi, apesar da pouca idade naquele corpo. Ele estava adaptado a essas vibrações. Ia analisá-lo melhor, mas não deu tempo. Dois barcos apareceram e logo chegaram à praia. Jair, num pulo, desceu da pedra e correu ao encontro dos dois homens que chegaram à praia.

– Trouxe? – perguntou Jair em voz baixa a um dos homens, que era grande, forte e bem moreno.

– Aqui está. O dinheiro que me deu foi a conta – respondeu o barqueiro.

– Está bem, obrigado.

Jair pegou uma caixa e agradeceu novamente ao homem. Deu uma rápida olhada no conteúdo e falou com firmeza:

–Você não se arrependerá por me ajudar. Ainda vou ganhar muito dinheiro e não me esquecerei dos que me ajudaram.

O barqueiro o olhou de modo esquisito, virou as costas e continuou seus afazeres. Jair saiu da praia segurando a caixa como se fosse um tesouro. Mas, em vez de ir em direção à aldeia, caminhou rapidamente em direção a uma grande pedra no rochedo, do mesmo lado em que estivera momentos antes.

Nós o seguimos. Jair caminhava rapidamente entre as pedras, demonstrando conhecer bem o lugar. O rochedo era acidentado, algumas pedras maiores se destacavam das demais. O menino ia contornando as grandes e, em frente a uma pedra enorme, o garoto demonstrou que chegou. Entre duas pedras, havia uma passagem estreita que permitia com facilidade a passagem de uma pessoa adulta. Essa cavidade ficava bem escondida.

Jair entrou e o seguimos. Vimos um desencarnado que guardava a gruta; ele não nos viu, era um espírito que servia as trevas. Descemos uns três metros por um corredor um pouco mais largo que a entrada. A estreita passagem dava para um salão alto e largo no meio das pedras. O guarda, demonstrando ser bom vigia, verificou se Jair não fora seguido.

Jair sentou-se num canto e acendeu uma grande vela que estava colocada em um vão da pedra. Uma claridade tênue iluminou a gruta. O local era bonito, uma gruta natural de pedras escuras.

O menino estava à vontade como se aquela caverna lhe pertencesse. Abriu a caixa e tirou de dentro dela velas coloridas com formas variadas de animais e a figura lendária do demônio. Tirou também garrafas de bebidas alcoólicas e charutos. Colocou esses objetos com cuidado em lugares específicos.

A vibração da gruta não era boa, não gostei do local, mas nada comentei. Ambrózio só observava, como eu. O ar estava carregado e o cheiro era nauseabundo, uma mistura de mofo, sujeira e carnes podres, embora a gruta estivesse bem varrida e aparentemente tudo em ordem e no lugar.[1]

O chão de pedra não era reto, declinava do lado oposto da entrada e nessa parte o salão era bem alto. Ali tinha uma mesa pequena servindo

---

1 Desencarnados, se estão vagando e não têm compreensão da vida desencarnada, sentem o odor que emana do ambiente; desencarnados estudiosos, conscientes do seu estado, sentem o odor, se quiserem. Naquele local bonito, mas de baixa vibração, quis sentir o odor para entender melhor os acontecimentos (Nota do Autor Espiritual).

de altar. Do lado direito da mesa, um objeto de um palmo e meio de altura, coberto por um pano branco e sujo. No meio, um grande cinzeiro de vidro, cor cinza, que certamente era usado para os fumadores de charutos.

– Antônio Carlos – Ambrózio falou depois de um prolongado silêncio. – Observe isso! – mostrando o lado esquerdo da mesa.

Um grande rato comia um talo de galho seco. Jair viu o animal e não se importou. Perto do rato, uma travessa feita de bambu. Ambrózio aproximou-se do recipiente e observou as folhas que estavam nele.

Jair acabou de colocar pelo salão os objetos que trouxera e falou alto:

"Para amanhã, tudo pronto!"

Acendeu um fósforo na vela, depois a apagou com um sopro e saiu. O vigia desencarnado, que o tempo todo ficou a observá-lo, saiu na frente para verificar se não havia ninguém pelos arredores. Ao sair da gruta, o fósforo de Jair apagou, mas ele não se deu ao trabalho de acender outro. Caminhando rapidamente na escuridão da noite, desceu o rochedo e tomou o rumo da aldeia.

–Vamos sentar aqui um pouco – disse Ambrózio. – Jair certamente vai para sua casa, logo vamos ter com ele. Antônio Carlos, você viu aquelas folhas? São de coca, planta da qual se extrai a cocaína.

– Bem estranho! – exclamei. – Gostaria que me contasse o que viemos fazer aqui. Vim com você para ajudarmos Sara e até agora não a vi.

– Você a conhecerá dentro de pouco tempo. Apesar de que, sempre ao ajudarmos alguém, essa ajuda envolve muitas pessoas.

– Certamente – respondi compreendendo. – Jair deve estar entre estas outras pessoas. O garoto é um menino raro, poucas vezes vi corrente fluídica como a que circula pela sua aura. Se ele souber projetá-la, pode fazer muito mal.[2]

– É nosso objetivo impedi-lo – explicou Ambrózio. – Jair é filho de Sara, espírito que quero bem. E este menino a está preocupando muito. Pediu, com fé, ajuda a Deus e aqui estamos para ajudá-la.

---

2 Pessoas com muita negatividade podem por maldade projetar esta nocividade em outro ser, seja humano, animal ou até vegetal, prejudicando muito. Também podem projetar sem maldade, sem querer, prejudicando também. Muitos chamam essa energia negativa de quebranto, inveja, feitiço mental etc. Porém, não a pegamos se vibramos no bem. Orações sinceras nos protegem dessas energias, como também benzeduras, bênçãos e passes. Não devemos cultivar a negatividade, porque pessoas assim prejudicam primeiro a si mesmas. A energia negativa não nasce do cosmo. O que faz essa energia ser chamada positiva ou negativa é a direção ou uso mental que fazem dela. O espírito já evoluído espiritualmente, mesmo estando num corpo jovem, não tem instinto agressivo latente. Por esta razão, essa energia negativa, no caso dele, num corpo jovem, está latente num espírito potencialmente possessivo, egoísta e agressivo. Então inconscientemente a vibração se torna negativa (NAE).

–Voltaremos à gruta?

– Não, vamos à casa do garoto; amanhã cedo voltaremos a este esconderijo.

– É de fato um perfeito esconderijo – falei. – Um lugar de difícil acesso, a entrada é bem escondida.

– Um capricho da natureza! É um lindo lugar! – exclamou Ambrózio.

– Este lugar é conhecido?

– Acredito que não. Este rochedo tem fama de assombrado e aqui quase todos temem o sobrenatural. Alguns sabem que a gruta existe, mas não sabem onde fica e os poucos que sabem aqui não vêm. Esta furna tem o nome de Gruta dos Demônios e este rochedo chama-se Rochedo dos Amantes.

– Gostaria de ver melhor este lugar.

–Vamos, Antônio Carlos, Jair deve estar chegando em sua casa.

Volitamos até a casa dele e chegamos juntos. Ao nos aproximarmos do menino, ele passou a mão na testa, pressentindo algo que para ele era desagradável.[3]

---

3 Quando nos acostumamos ou afinamos com determinado tipo de fluido, um outro, diferente, pode parecer desagradável. A algumas pessoas o fluido negativo prejudica; estas, ao receberem fluidos benéficos, sentem-se bem. No entanto, Jair se afinava com os fluidos inferiores e o nosso, benéfico, não lhe era agradável (NAE).

Vendo a aldeia de perto, a impressão era a mesma. Lugar lindo, mas triste e monótono. Ninguém na rua, só o vento suave movia algumas folhas. Muitas estrelas no céu cintilavam, mas esta beleza parecia ser indiferente aos habitantes. Tudo parecia dormir.

Jair entrou silencioso em casa, lavou as mãos e pegou um prato de comida que estava em cima do fogão à lenha. Sentou-se e se pôs a comer. Na casa de três cômodos, estavam todos os moradores. Ambrózio tratou de identificá-los.

– O pai de Jair, Jacó, os irmãos Aldo e Mílton. Esta é Sara, sua mãe.

Sara estava envelhecida precocemente como o marido, pele ressecada pelo sol e pelo excesso de trabalho. Os cabelos eram quase todos brancos, não tinha dentes, as mãos eram calejadas e grossas. Estava costurando uma peça de roupa já gasta. Mas tinha traços bonitos e estava preocupada.

– Onde estava, Jair? – indagou a senhora ao filho.

– Só pode ser no Rochedo dos Amantes – comentou Aldo.

Jair olhou carrancudo para o irmão, o que o fez calar.

– Por aí, mãe – respondeu Jair.

– Meu filho – falou a senhora –, sabe que me preocupo com você andando à noite pelo rochedo.

– Conheço tudo ali muito bem – justificou Jair. – Depois, estou protegido.

– Ora, protegido por quem? Sempre fala que está protegido e nunca vi ninguém com você – gracejou rindo Mílton, o caçula.

Desta vez, Jair não achou ruim o comentário. Olhou para o irmãozinho com carinho, demonstrando ser a única pessoa a que de fato queria bem. Porém, não respondeu à indagação e falou menos sério do que de costume.

– Aqui está uma bolinha de gude para você.

– Oba! Obrigado!

– Onde a achou, meu filho? – perguntou a mãe.

– Achei-a na praia – retrucou Jair, ficando carrancudo novamente.

– Na praia? – falou a mãe. – Bem, se é assim, pode ficar com ela. Se fosse por aqui, teria dono.

Jair acabou de comer, sentou-se ao lado do pai. Mas logo após veio a ordem de Jacó.

– Vamos dormir!

Obedeceram a ordem de imediato. Logo todos estavam acomodados em seus leitos. Sara deitou-se e começou a orar. Sua prece sincera fluía por toda casa em vibração de amor. Jair incomodou-se e remexeu-se inquieto no leito. Teve vontade de pedir para a mãe parar de rezar, mas não ousou, tinha medo e respeito pelos pais.

Sara, como boa mãe, se preocupava com os filhos, com os ausentes e com Jair. Este a inquietava sem saber bem por quê. Talvez porque ele se isolava muito no rochedo mal-assombrado, também porque dizia sempre que ia ser rico e não queria trabalhar com o pai. Jair lhes dizia que trabalhava na Casa Verde, a propriedade grande do outro lado do rochedo. Não sabia se era verdade, porém o filho lhe dava todo mês uma quantia que dizia ser seu salário. Sentia que algo de errado acontecia com ele. Orava, pedindo proteção a Deus.

Ambrózio aproximou-se dela, delicadamente afagou seus cabelos. Cansada do dia exaustivo de trabalho, Sara adormeceu.

Saímos da casa e paramos na rua.

–Vamos à igreja – convidei meu companheiro. – Gostaria de visitá-la.

A velha igreja

II

Era mais uma capela que igreja. Pequena, singela, mas pelo tamanho da vila era grande. Construída fazia muito tempo, esperavam talvez que o povoado crescesse. Logo na entrada, fixada na porta a informação:

"Padre Anderson só vem no primeiro domingo de cada mês. Missa às oito horas, logo após, batizados e casamentos."

Entramos. Chão de cerâmica bege-claro, paredes brancas e com poucos adornos. Duas filas de bancos, uma de cada lado, um pequeno confessionário, dois nichos laterais, um com a imagem de Jesus e o outro com a de Nossa Senhora Aparecida. O altar de madeira era simples e coberto com uma toalha branca. No centro, a imagem de

Santa Bárbara. Uma verdadeira obra de arte, os traços da santa eram de grande participação, olhar expressivo e doce, sorriso meigo. Media oitenta centímetros. A obra era de um verdadeiro artista, porém anônimo. Estava a imagem coberta com um manto de veludo azul-celeste bordado de dourado.

A igreja estava deserta para os encarnados, porém ali permaneciam muitos desencarnados. Oramos em silêncio. Não tenho local para orar. A todos os instantes, em lugares diferentes tento estar sempre em estado de oração. Lugares que reúnem principalmente encarnados para orar, sempre nos convidam, a nós desencarnados, a orar também. A oração sincera envolve aquele que reza com energia benéfica e muitas vezes de luz. Aconteceu conosco ali, naquele local, que muitos encarnados chamam de casa de Deus. No entanto, para mim o universo todo é a morada de nosso Pai.

Os desencarnados que ali estavam se assustaram. Primeiro, viram a luz, depois nos tornamos visíveis a eles. Alguns tentaram até fugir, mas curiosos ficaram observando, enquanto outros pediam ajuda aos gritos.

– Ajudem-nos, enviados de Deus!

– Acudam-nos, bons anjos!

– Socorra-nos, São José!

Quinze desencarnados se aproximaram de nós em súplica.

– Calma, por favor! – replicou bondosamente Ambrózio. – Não somos santos ou anjos! Nada mais somos que espíritos laboriosos no bem. Somos, como vocês, desencarnados vivendo sem o corpo físico.

Naquele instante, uma jovem senhora soluçou alto e outra já idosa explicou:

– É Hortência, por mais que eu lhe diga que morreu, ela não acredita. E já faz três anos! Morreram no parto: ela e a criança.

– Calma, minha filha! – Ambrózio colocou a mão em sua cabeça, ela parou de chorar e foi se acalmando.

Hortência estava suja, descalça e despenteada. Era o aspecto de quase todos ali, desorientados e não entendendo muito o que acontecia.

– Como morri? – indagou Hortência, voltando o olhar triste para Ambrózio. – Sinto-me viva, tenho dores, fome, tenho medo dos demônios. Ninguém de minha casa me vê, nem meu marido, que dizia me amar, aquele ingrato! Isso é obra dos demônios do rochedo. Claro que é! Não morri nada!

Meu amigo nada respondeu, colocou-os sentados nos bancos. Eles nos olhavam com esperança, mas também temerosos. Alguns gemiam de dores e sofriam.

Tratei logo de ajudá-los, aliviando as dores maiores.[4]

Este grupo de desencarnados estava muito maltratado. Além dos reflexos das doenças corporais que os levaram à desencarnação, havia em quase todos marcas de torturas no corpo perispiritual. Ficaram quietos nos observando. Quando acabamos, Ambrózio foi à frente deles e falou brandamente:

– Meus irmãos, somos todos criados por Deus, temos um único Pai, portanto, somos todos irmãos. E assim, devemos amar e respeitar um ao outro. O amor Dele por nós é infinito e grande é Sua misericórdia. Para aprendermos a amar, Deus nos deixa ajudar um ao outro em Seu nome. É a criatura acudindo a criatura, os mais felizes ajudando os que temporariamente estão infelizes, dando-nos a oportunidade de praticar a caridade que nos leva ao caminho do purificado amor. Quando choramos em sofrimento, devemos pensar se não fomos

4 Ajudamos. Devemos "fazer sempre o bem da maneira que sabemos quando defrontamos com a oportunidade de auxiliar. Muitos trabalhadores desencarnados, neste caso, usam de medicamentos que trazem das Colônias ou Casas de Socorros. Mas como não trouxemos medicamentos, fomos dando passes. Usamos da nossa vontade de ajudar com conhecimentos e experiências para amenizar as dores mais fortes. Estes desencarnados necessitados de auxílio são ainda tão ligados à matéria que precisam, quase todos, ser tratados como encarnados. Os medicamentos feitos nas Colônias são próprios ao perispírito, roupagem que nós, desencarnados, usamos enquanto vivemos no Plano Espiritual da Terra (NAE).

motivo de outros chorarem. O que fazemos de bom ou mau a nós retorna como dores ou felicidades. Devemos pedir perdão a quem ofendemos e a Deus por não termos vivido seus ensinamentos. Perdoar todos que serviram de instrumento para nosso reajuste. Vamos orar ao Pai Supremo.

Meu companheiro fez uma pequena pausa e, fechando os olhos, suplicou ao Senhor:

– Dai-nos, ó Pai, a bênção do recomeço! Dai-nos a coragem para plantar a boa semente e a vontade de semear o bem e o amor! Dai-nos o entendimento para reconhecer que estamos sempre vivos. Somos todos imortais, agora estamos somente despidos do corpo físico, pois se este está morto, a carne em pó se transformou. É como desencarnados que queremos ter nova morada. Não queremos ficar mais confusos e temerosos. Ajudai-nos, ó Pai celeste! Socorrei-nos agora nesta hora de dor e angústia. Em Vós confiamos, Pai Amado!

Ambrózio calou-se, ergueu os braços para o alto sintonizando com os socorristas da Colônia a quem pediu ajuda.

Quase todos ali na velha igreja choraram baixinho ao escutar a prece sincera e comovida, que a humildade do meu companheiro fez, como se fosse para ele o pedido de auxílio. Era a oração que aqueles infelizes queriam fazer sem, contudo, conseguir pronunciá-la.

– Ó, meu Deus! – Ajoelhou-se uma senhora com as mãos postas e falou entre soluços: – Leva-nos pelo menos, Pai, para o Purgatório, pois embora estando aqui numa igreja, estamos num inferno aterrorizante.

Muitos deles começaram a orar alto e os pedidos eram os mesmos, de piedade, auxílio e clemência. E o socorro chegou. Um aerobus parou na porta da igreja e vários trabalhadores dedicados desceram, indo até nós.

Treze, dos quinze do grupo, choravam agradecidos sentindo o término de seus padecimentos; foram encaminhados até o nosso meio de transporte. Seriam levados à Colônia onde se restabeleceriam. Mas dois homens do grupo que, desde a nossa chegada ficaram quietos, observando sem participar, disseram não querer ir, embora tivessem sido medicados e suas dores aliviadas. Um socorrista chamou o orientador da equipe, que gentilmente foi até eles e olhando para um deles indagou:

– Não quer ir conosco, amigo?

Era um senhor bem moreno que tinha muitas queimaduras no corpo perispiritual. Bastou essa demonstração de amizade para que ele chorasse feito criança.

– Tenho medo, senhor. Tenho medo! Fui mau e perverso e agora tenho os demônios a me torturarem. Sou escravo deles e se lhes desobedeço sou torturado. Prefiro obedecer-lhes. Olhe para mim, não vê as marcas dos meus castigos? Se eles me chamarem, devo ir ao rochedo ou à gruta, se não for, saberão que fugi e então irão atrás de mim. Quando me pegarem, serei castigado. Não quero, não aguento mais o ferro quente no meu corpo. Sei que morri, mas estou vivo para pagar pelos meus erros. E pela eternidade terei que sofrer...

– Meu filho – disse o agregado trabalhador, abraçando-o –, Deus, nosso Pai, não castiga seus filhos. Somos castigados temporariamente pela nossa consciência culpada. Você já pediu perdão a Deus? Peça, meu amigo! Peça com sinceridade e terá a alegria de ser perdoado. Não tema os demônios, eles são nossos irmãos perdidos no caminho do mal. Eles também serão encaminhados ao bem quando pedirem perdão e quiserem se modificar.

– Mas e se eles me acharem? Até vocês, tão bondosos, serão também castigados. Eles nos dizem sempre que são mais fortes que os próprios anjos.

– Não, meu amigo, o mal nunca é mais forte que o bem. Eles foram criados, como nós, por Deus, e não foram predestinados ao mal; estão, sim, no caminho errado que escolheram, mas chegará um dia em que, cansados da vida que levam, procurarão a luz. Não tema por nós, eles não podem nos fazer mal. As trevas são dispersadas com a luz.

Para onde o levaremos, você não os escutará nem eles poderão achá-lo. Haverá o abismo do perdão Divino a separá-los.

– Se eles nada puderem fazer contra vocês, eu vou. Que Deus se apiede de mim e me perdoe. Eu perdoo a todos!

Sorriu, como talvez havia tempos não fazia. Aquele desencarnado despiu o egoísmo, pensando mais em seus irmãos que nele, pediu perdão, perdoou e a esperança brilhou para ele.

Um dos trabalhadores, jovem simpático e atencioso, que observava com atenção, sorriu diante da lição ouvida, aproximou-se do outro desencarnado que se recusou a ir e convidou-o:

– Vamos também, amigo?

– Não sou amigo de ninguém – respondeu ríspido. – Não quero ir.

– Mas não ouviu o que nosso orientador disse? Nada tem a temer – insistiu o moço amigavelmente.

– Não quero ir, prefiro ficar aqui.

– Mas vai continuar a sofrer – elucidou o socorrista.

– Não me amole! – retrucou o desencarnado de modo brusco. Levantou-se e saiu tomando rumo oposto ao do aerobus. O jovem trabalhador olhou e indagou seu orientador, indignado com a negativa do outro.

– Não vamos atrás dele?

– Não, Gregório – explicou delicadamente o orientador. – Ele recusa nosso auxílio. Chegará a hora do socorro para ele como chegou para estes. Não seria prudente levá-lo à força sem que se arrependesse, sem que pedisse perdão por seus erros e perdoasse. Achará este irmão no futuro a ajuda que lhe é necessária. Mas, agora, deixemo-lo, se prefere ficar assim. O sofrimento para ele não será castigo, como para todos nós não o é, mas sim um reajuste que nos impulsiona para o progresso. Vamos – dirigiu o orientador do grupo a todos – partamos sem demora, ainda temos muito trabalho.

Ambrózio e eu despedimo-nos carinhosamente daqueles abnegados socorristas. O aerobus partiu. Acenamos um adeus. E ali, na porta da igreja, ficamos diante da noite estrelada e encantadora.

– Senhores, por favor! – falou, sorrindo contente, Gregório, um dos socorristas. – Estava na igreja vendo a santa. Fiquei impressionado com aquele homem que se negou a ser socorrido. Como nosso orientador disse que não poderíamos ir atrás dele, pensei que os senhores iriam. Assim, meu bondoso orientador me permitiu aqui ficar e acompanhá-los.

Ambrózio e eu nos julgávamos sozinhos e Gregório saiu da igreja falando sem parar. Ele sorriu, mostrando os dentes perfeitos. Era um negro extremamente agradável e bonito. Deveria ter desencarnado entre os trinta e trinta e cinco anos. Estendeu-nos a mão e continuou a falar.

– Gregório, muito prazer!

Respondemos o cumprimento, sorrindo também.

– Deduziu certo, vamos atrás daquele senhor – afirmou Ambrózio.[5] – Mas não o forçaremos, estamos aqui por outro motivo.

– Que bom! – exclamou Gregório continuando a sorrir. – Fiquei deveras intrigado com aquele sujeito. Tenho só dois anos de trabalho e nunca vi nada igual. Desencarnei há três anos. Fui um artista e sou desenhista. A escultura de Santa Bárbara me chamou a atenção. Quero ajudá-los! Certamente não sou treinado como os senhores. Como vocês. Permitem chamá-los de vocês? Obrigado! Farei o que me mandarem, sou bem esperto e tenho boa vontade para aprender. A psicologia nos ensina que muitas pessoas são masoquistas e, pelo visto, depois que desencarnam continuam as mesmas. Aquele homem estava com tantos sinais de torturas e...

– Ninguém se liberta de seus vícios e defeitos sem vencê-los, se não procurar ajuda e cura. Não

5 Espíritos evoluídos usam a telepatia para comunicar-se, porém se algum espírito presente não sabe fazer uso deste processo, usa-se a fala, como os encarnados. Às vezes, diálogos entre Ambrózio e mim eram feitos pela telepatia. Com Gregório conversávamos como os encarnados (NAE).

diferimos muito do que fomos quando encarnados. O espírito é o mesmo. O encarnado se reveste do corpo carnal e o desencarnado, do perispírito. Não podemos dizer que aquele senhor é masoquista sem analisá-lo. Deve ter ele seus motivos para ter recusado auxílio – elucidou Ambrózio.

Ambrózio e eu trocamos um olhar e sorrimos. Havíamos encontrado um companheiro expansivo e eloquente que certamente falaria por nós dois juntos. Ele também sorriu, encantado por ter ficado conosco e prosseguiu, contente:

– Já sabem aonde ele foi? Vamos volitar? Sei volitar, não se preocupem comigo, seguirei os senhores, digo, vocês.

– Gregório – falei – temos prazer de tê-lo conosco. Será sem dúvida de muita utilidade. Volitaremos, sim. Sabemos com certeza aonde aquele senhor foi.

Volitamos até a grande pedra da entrada da gruta. Chegamos antes do desencarnado que recusou a ajuda, mas logo o vimos andando como os encarnados; chegou ofegante e cansado. Ele não sabia volitar, para saber é necessário aprender. Volitar não é privilégio de bons, mas sim de quem sabe. Parou perto da entrada e assobiou chamando o guarda conhecido nosso. Esse assobio foi ouvido pelos desencarnados. Ruídos, conversas de desencarnados dificilmente encarnados ouvem, mas isso pode acontecer com os médiuns audientes e até, às vezes, com qualquer encarnado.

Nós três observamos silenciosos, os dois não nos viram.

– Que é Bidô? O que faz aqui sem ser chamado? – perguntou o guarda com desprezo e com a voz grossa e desagradável.

Ficamos sabendo o apelido do desencarnado que tanto intrigou Gregório.

– Tenho algo muito importante para contar ao chefe. Chame-o para mim.

– Você não está blefando? Chamar o chefe à toa é castigo dos grandes. Chamarei Xampay, ele resolverá. Entre...

Entramos também. A caverna estava com a claridade de uma vela, quase não se via nada. Para os encarnados estaria na completa escuridão. No plano espiritual estava aceso um holofote preso na parede. Para nós três, desencarnados com entendimento, o local estava claro o suficiente para vermos tudo. Treinamos nossa visão perispiritual para enxergar melhor no escuro.

O guarda foi até um crânio que enfeitava o lugar. Estava num canto e ele o virou para a esquerda. Esperamos. Bidô estava nervoso e impaciente, o guarda sorria de modo estranho. Não demorou muito, cinco minutos, cinco desencarnados chegaram. Gregório acomodou-se no meio de nós dois, segurando nossas roupas. Olhei tranquilamente nosso recente amigo, pedi calma, não ia ter perigo. Mais aliviado, Gregório ensaiou um sorriso, mas permaneceu agarrado a nós. Não deixava de ter razão, os cinco recém-chegados causariam horror a quem não estivesse acostumado.

Xampay era certamente o braço direito do chefe. Com voz arrogante, perguntou ao guarda:

– Que aconteceu? Por que nos chamou?

– Foi ele quem pediu, Xampay – informou o guarda, mostrando Bidô. – Não tenho nada com isso. Disse ter coisas importantes para falar.

– Que você quer, idiota? Um simples escravo quer falar comigo! Sabe quem eu sou?

Bidô tremeu todo, mas aventurou-se indo para a frente dele e tratou logo de explicar:

– Estava com os outros na igreja, quando chegaram dois forasteiros que engambelaram os outros, e, com a ajuda de um grupo, todos foram levados numa espécie de avião para uma tal Colônia.

– Quê?! Mas quem fez isso? – indignado, Xampay falou alto e nervoso.

– Não sei, dois estranhos.

Fez-se um silêncio horripilante. Xampay era forte, assustava até seus companheiros. Usava roupas de couro preto; no tórax, um colete. Tinha várias correntes douradas no pescoço. Por mais que estes desencarnados tentem disfarçar, podem dar calafrios nos que não vibram como eles. Os olhos dele eram avermelhados, seu olhar maldoso, seus modos bruscos e raivosos. Os outros quatro olharam para Xampay como que prontos a obedecer a qualquer ordem. Estavam vestidos de maneira diversa e extravagante, mas estavam sujos e enfeitados demais. Sorriam zombeteiros e cínicos com olhares maldosos e ávidos por confusão.

A voz de Xampay soou como trovão.

– Por que só agora veio me avisar? Por que não nos avisou quando entraram na igreja?

– Fiquei curioso para ver o que aconteceria. Não me preocupei com isso, já que podem ir atrás deles e buscá-los.

– Ir atrás deles? Está doido? Como ir até uma Colônia? Idiota! Agora certamente já sabem que estamos por aqui.

Bidô tremia, quase não conseguia falar, tentou explicar aflito:

– Mas vocês sempre disseram que iriam nos buscar em qualquer lugar. Tomei cuidado e ninguém me seguiu, foram todos embora no tal veículo.

– Castiguem-no! – Xampay ordenou colérico.

– Não, por piedade! Não fugi e vim avisá-los!?

Dois deles, indiferentes aos seus rogos, pegaram-no e o levaram para trás da mesa, que servia de altar. Bidô gritava horrorizado. Gregório deu dois passos, largando-nos, mas voltou não sabendo o que fazer. Ambrózio saiu da gruta, subiu rápido na pedra de entrada e fez um enorme barulho. Todos que estavam na caverna quietaram, olharam um para o outro e saíram apressados. Corremos, Gregório e eu, para perto de Bidô. Ele estava amarrado, apavorado, olhando para um ferro com pontas que estava no chão ao lado dele. Neste canto do salão, havia muitos aparelhos de tortura, cordas e correntes de materiais usados por desencarnados. Encarnados não os veem. São na maioria plasmados por desencarnados maus, feitos com matéria do Mundo Espiritual.

– Gregório – falei –, torne-se visível a ele e pergunte-lhe se agora ele deseja ir com você.

Gregório se fez visível e Bidô, assustado, sussurrou gemendo:

– É o senhor, meu amigo?

– Então, mudou de ideia? Sabe agora que o bem é mais forte? Quer vir comigo?

– Sim, pelo amor de Deus, me leve daqui. Eu peço perdão a Deus, perdoo a todos. Leve-me com o senhor, meu amigo.

– E agora, Antônio Carlos, que faço? – Gregório me perguntou baixinho.

– Volite com ele até o Posto de Socorro.

Gregório o abraçou, deixando que a cabeça dele apoiasse no seu ombro forte. Amparei os dois e volitamos. Ao sair da gruta, deixei-os e os dois foram embora. O grupo desencarnado revistou todos os lugares do rochedo. Ambrózio os vigiava. Comentaram entre si.

– Não estou gostando disso!

– Irei avisar o chefe.

– Deve haver abelhudos por aqui!

Voltaram à gruta e logo escutamos Xampay ordenar:

– Bidô sumiu! Procurem-no rápido! Um para cada lado!

A procura foi rápida, logo desistiram. Reuniram-se e partiram talvez à procura do chefe. Só o guarda ficou à entrada assustado e atento.

– Gregório levou Bidô para o Posto de Socorro – avisei a Ambrózio. – Aquela gruta é uma verdadeira sala de torturas.[6]

– Bem – propôs Ambrózio –, esperemos pelo chefe, que certamente virá logo. Vamos conhecê-lo. Não vamos entrar mais na gruta. O chefe deles deve ser um espírito com mais conhecimentos e vai perceber nossa presença.

Sentamos a uns duzentos metros da entrada e aguardamos. Em menos de dez minutos uma falange de cinquenta desencarnados entrou na gruta.

– O chefe está bem acompanhado. Devemos ter cautela. Vamos a um lugar mais sossegado e...

---

6 Isso não acontece em todas as grutas e cavernas, nesta história ocorreu em uma, mas podia bem ser em qualquer local (NAE).

Ambrózio nem acabou de falar, quando chegou até nós um pedido desesperado de socorro vindo da gruta.

– É Gregório! – exclamamos juntos.

– Está na gruta! – concluiu Ambrózio.

– O mocinho voltou para lá – eu disse.

– Vamos tirá-lo de lá e já – acrescentou meu amigo. – Tentaremos fazer com que eles não nos vejam. Antônio Carlos, faça um grande barulho aqui. Vou lá dentro.

Tratei logo de fazer barulho. Imitei a voz de Bidô e chamei por socorro.

– Socorro! Sou Bidô! Acuda-me, querem me pegar! Perseguem-me! Socorro!

Mas o chefe era esperto. Somente um grupo de vinte desencarnados saiu da gruta e se pôs a procurar o dono da voz. Não achando, enfureceram-se e começaram a gritar.

– Onde está?

– Apareça, imbecil!

Um deles, parecendo chefiar a pequena excursão, disse a um outro:

– Vá e diga ao chefe que não encontramos ninguém. Vamos ficar na entrada. Todos atentos!

Aguardei uns minutos. Aí vi Ambrózio volitar com Gregório, segui-os. Dirigimo-nos a um Posto de Socorro localizado no Plano Espiritual da cidade vizinha. Fomos recebidos com carinho.

Acomodamo-nos numa sala. Gregório estava assustado, mas logo se refez e se pôs a falar.

– Desculpem-me! Trouxe Bidô para este Posto e pensei em voltar para me despedir de vocês. Voltei, só que ao lugar errado. Deveria ter concluído que vocês sairiam dali. Quando vi a gruta cheia de desencarnados mal-intencionados, fiquei com medo e tentei sair; não consegui, então pedi socorro, chamei por vocês. Você, Antônio Carlos, conseguiu me enganar, pensei que Bidô tivesse voltado. Senti gelar quando o chefe mandou só uns para fora da gruta. Aí senti Ambrózio perto de mim, segurei forte sua mão. O chefe falava coisas macabras e pulava de um lado a outro. Apavorei-me tanto que não consegui sair do lugar. Ambrózio me ordenou: "Não desfaleça, pense em Jesus!". Concentrei-me na imagem de Jesus e adquiri confiança. Ambrózio projetou no lado oposto ao que estávamos uma imagem. Todos ali, inclusive o chefe, voltaram a atenção para essa imagem e Ambrózio me amparou, volitamos e saí aliviado daquele lugar. Ambrózio, de quem era aquela imagem?

Meu amigo sorriu e bondosamente elucidou Gregório.

– De ninguém em especial. Usei um velho truque projetando uma imagem para desviar a atenção deles e sair com você. Perceberam uma presença estranha na gruta, tentaram localizar e você se apavorou. É por isso, Gregório, que para trabalhar com desencarnados assim, que seguem temporariamente as trevas, devemos ser treinados e ter conhecimentos. Porque, meu amigo, não devemos subestimar as forças maldosas nem temê-las, mas sim aprender a lidar com elas. Aprendizes estão sempre acompanhados por um instrutor e só devem enfrentar um grupo assim quando sabem que são capazes.

– O chefe me acharia? – inquiriu Gregório preocupado.

– Sim, se você não retornasse à sua autoconfiança. Porém, seu pedido de socorro seria ouvido; se não fôssemos nós, seria outro grupo de socorristas a ajudá-lo. É também por cautela que os desencarnados que trabalham na crosta nunca saem sem que outros companheiros da Colônia, Posto de Socorro ou Centros Espíritas, saibam onde estão.

– Que aventura! Que emocionante! Quero contar tudo aos meus amigos! – exclamou Gregório, voltando a sorrir feliz.

– Deverá contar também – disse Ambrózio – que aprendeu uma preciosa lição. – Não se meter mais sozinho onde pode ser perigoso.

Bateram na porta e um trabalhador entrou com Bidô já limpo e medicado, ele falou encabulado:

– Ao saber que estavam aqui, quis agradecer-lhes. Vocês são anjos?

– Não – explicou Ambrózio sorrindo. – Somos desencarnados como você, só que trabalhamos ajudando a outros e, se você quiser, logo poderá estar sendo útil também.

– Obrigado!

– Por nada – respondemos Ambrózio e eu.

Gregório observava-nos. Dirigiu-se a Ambrózio.

– Gostaria de fazer umas perguntas a Bidô.

– Se ele quiser responder, tudo bem.

– Claro – disse Bidô –, pergunte o que quiser, moço.

– Por que vagava por ali?

– Bem, cometi muitos erros quando estava encarnado. Tinha um pequeno negócio e me achava o dono absoluto de tudo, até dos meus empregados, que eu humilhava por saber que necessitavam do emprego. Não tive religião, não fiz o bem e desencarnei. Fiquei perturbado no início e vaguei pela minha ex-propriedade. Essa falange pega desencarnados que vagam por toda a redondeza e eu fui pego e me tornei escravo deles.[7]

– Não pensou em Deus? Em pedir ajuda?

– Achei que estava no inferno e que seria eterno meu castigo.

---

7 Desencarnados que vagam, como Bidô, são feitos de escravos. O mesmo acontece a outros que podem até pensar em Deus e pedir ajuda, mas não o fazem com sinceridade nem estão arrependidos; a maioria não reconhece seus erros (NAE)

– Mas vocês iam à igreja? – perguntou Gregório.

– Sim, ali íamos quase todas as noites. Quando havia culto, saíamos, assim ordenava o chefe da falange. Era difícil orarmos. Lá, conversávamos nos lamentando. Quando a falange precisava de nós, eles nos chamavam até a gruta e íamos correndo. Sofri muito.

– Agora pode ir, Bidô – disse Ambrózio. – Aprenda a orar com fé, seja obediente e será feliz.

– Já estou feliz pelo socorro e pelo perdão. Deveria imaginar que Deus é bondoso demais para não nos castigar eternamente. E acho que não é Ele que nos castiga; sofri pela minha consciência pesada. Obrigado novamente!

– Concluiu certo, Benedito – completou Ambrózio, chamando-o pelo seu nome. – Deus não nos castiga ou premia, nós é que fazemos por merecer a felicidade ou o sofrimento.

Bidô saiu e Gregório dirigiu-se a Ambrózio:

– Por que vocês aceitaram o agradecimento dele? Quando fazemos o bem a outro não fazemos a nós mesmos?

– Sim, Gregório, devemos ser gratos. A gratidão é uma manifestação de amor. Se nós devemos ser gratos, por que não ensinarmos os outros a serem? Devemos aceitar agradecimentos, mas não exigir. Não ajudamos Bidô? Não exigimos nada dele, se ele agradeceu por educação ou porque se sentiu realmente grato, devemos aceitar e responder com delicadeza o agradecimento.

– Que estranho existirem escravos desencarnados! Por quê? – indagou Gregório, curioso.

E Ambrózio elucidou:

– Jesus nos recomendou a prudência, que construíssemos nossa casa sobre a rocha, ou seja, que cuidássemos, com toda atenção, da parte verdadeira: a espiritual. Mas muitos imprudentes vivem a existência encarnada sem dar atenção à parte espiritual e, quando desencarnam, porque todos desencarnam, se veem em apuros. Vagam pelos lugares onde viviam encarnados ou pelo Umbral. Alguns desencarnados infelizes têm consciência da desencarnação e também possuem conhecimentos. São ávidos de poder e fazem escravos, pegando os desencarnados que vagam, para serem servidos por eles. Também há escravos por outros motivos.

– Se eles tivessem pedido ajuda, já teriam sido socorridos? – indagou nosso jovem amigo.

– Só se o pedido tivesse sido sincero e se eles quisessem mudar a forma de viver. Foi por esse motivo que eu orei por eles na igreja.

– Ora – disse Gregório indignado –, estes desencarnados maus fazem muitos sofrerem. E eles? Não sofrem? Parecem alegres.

– Gregório – continuou Ambrózio a elucidá-lo –, quem disse que eles não sofrem? – Aparentar alegria não quer dizer ser feliz. Eles se sentem longe de Deus e esta suposta ausência lhes dá uma insatisfação muito grande. Depois, meu caro, temos que dar conta um dia dos nossos atos, bons e maus. Todos sabem disso, e a maioria se preocupa. Eles também são necessitados de auxílio.

– Já entendi – observou Gregório alegre. – Vocês vão ajudá-los. E eu quase estraguei tudo. Peço-lhes desculpas novamente. Mas posso tentar consertar meu erro. Pedirei ao meu instrutor permissão para ficar com vocês. Darei recados, levarei e trarei desencarnados, como Bidô, é claro. Prometo não me meter mais em encrencas.

Ambrózio e eu nos olhamos sorrindo. A alegria e o entusiasmo de Gregório eram contagiantes. Seria uma boa oportunidade para ele adquirir conhecimentos. Como eu estava ali para acompanhar Ambrózio, caberia a ele decidir e fiquei contente quando ele opinou:

– Se prometer prestar atenção, pode ficar.

– Ótimo – disse Gregório. – Que faremos agora?

Rimos felizes.

O Rochedo dos Amantes

III

Voltemos ao rochedo, porém não vamos agora à gruta – frisou Ambrózio.

Pela volitação, em instantes, chegamos ao rochedo. Tudo estava quieto, alguns desencarnados guardavam a gruta. Sentamos longe da entrada. Para os encarnados o rochedo estaria escuro, mas nós víamos tudo. O lugar era realmente lindo.

– Aparentemente, o chefe do bando não se importou com a perda de seus escravos – falei. – Só colocou mais guardas na gruta.

– Com tantos imprudentes, não é difícil conseguir mais escravos na Crosta – replicou Ambrózio.

– Este lugar é muito bonito – considerou Gregório – mas falta alguma coisa, ou então algo errado se passa ou se passou por aqui. É tão estranho, me dá uma sensação de inquietude.

– Não é para menos – admiti. – Temos aqui um local de trabalho de desencarnados maus. Seus fluidos grosseiros se espalham por toda a região circunvizinha. Existe fama de ser mal-assombrado e tem um nome bem característico: Rochedo dos Amantes. Muitos acontecimentos devem ter impregnado este lugar, e não são bons.

– Muito interessante! – exclamou nosso jovem acompanhante. – Não faz muito tempo, tive uma aula de Psicometria. Estudamos a impressão marcada num objeto. Em nosso estudo, vimos o dono do objeto e como era seu caráter. Gostaria de ver o que se passou nessas pedras.

– Vamos ver, ajudo você – eu disse, também querendo ver se naquele lugar teria acontecido algo que nos interessasse. – A Psicometria não é um processo fácil e poucos sabem, sejam encarnados ou desencarnados. Quando se aprende, basta concentrar-se num objeto, num lugar, para conhecer a história do objeto ou os acontecimentos que sucederam no local.

Concentramo-nos e o passado se revelou. Vimos os acontecimentos registrados naquele lugar tão bonito. Uma tragédia em 1773. Um grupo de escravos fugiu e se escondeu ali. Foram caçados com violência entre as pedras, surrados, violentados e assassinados. As pedras tingiram-se de sangue.

Gregório franziu o rosto.

– Meu Deus, que horror! Não vejo nenhum desencarnado desta tragédia aqui, mas as cenas ficaram.

– Gregório – completou Ambrózio –, de fato nenhum espírito envolvido neste acontecimento ficou aqui, seguiram sua jornada evolutiva. Tudo que acontece na Terra tem seus principais fatos gravados no etéreo. Muitos estudiosos desencarnados reveem por estes estudos Jesus quando esteve encarnado. Outros, mais científicos, estudam diversas épocas da História para entender melhor os fatos.

Continuamos, vimos um crime, um homem matar um menino, jogá-lo no mar e fugir. Querendo saber algo mais deste crime, vimos que não foi descoberto e o garoto foi tido como desaparecido. Gregório logo deu sua opinião.

– Se usássemos mais a Psicometria entre os encarnados, evitaríamos muita injustiça; o inocente não pagaria pelo crime de outro e muitos crimes seriam desvendados.

– Gregório – elucidou-o Ambrózio calmamente –, talvez na Terra venhamos usar mais a Psicometria, mas não para descobrir assassinatos. Quando a Terra usar mais este processo, estará mais evoluída e não deverão existir mais assassinatos. Depois, um crime pode ser escondido dos homens, nunca da pessoa que o cometeu ou de Deus. Se vemos inocente na prisão, devemos perguntar se ele o é também no seu passado, em encarnações anteriores. O inocente a que você se refere não será como este homem que vimos, que assassinou friamente um menino e seu crime não foi descoberto?

Gregório concordou e continuamos. Vimos um casal que logo nos primeiros anos do nosso século namorava no rochedo. Amavam-se muito e queixavam-se de ser impossível aquele amor. O pai dela, fazendeiro local, não o queria para genro, pois ele era um simples pescador. Queria casar a filha com um amigo rico. Ali estavam, quando viram o pai dela chegando com muitos empregados armados. Depois de um demorado beijo, pularam juntos do alto da pedra, despedaçando seu corpo.

– Deve ser por isso que este rochedo tem esse nome. Que tristeza! – exclamou Gregório. – Um duplo suicídio!

Nada mais vimos de interessante, ali quase não ia ninguém. Demos por terminada nossa sessão de Psicometria. Ambrózio falou:

– Devo ir à Colônia, voltarei ao amanhecer. Querem ir comigo?

– Não – eu disse. – Notei que o casal que cometeu o suicídio está aqui numa pequena gruta perto do mar. Aproveito para visitá-los.

– Posso ir com você? – Gregório levantou-se, falando depressa. – Se estão aqui, vou com você tentar ajudá-los. Irá lá para isso, não é?

Sorri em resposta. Ambrózio partiu e nós dois volitamos devagar e, rente ao chão, descemos o rochedo do lado do mar à procura dos dois. Logo os achamos. Alguns metros acima do mar, onde as águas batiam com força, havia uma pequena abertura e ali se encontravam os dois jovens imprudentes. Observei-os, estavam machucados, mas com todos os membros. Embora com as roupas em farrapos, pareciam limpos. Para os encarnados, aquele lugar era somente uma pequena furna onde não havia nada, só no chão um pouco de areia. Mas para nós, havia um banco de madeira e alguns poucos objetos. Os dois permaneciam sentados juntinhos, calados e pensativos. Recomendei ao meu amigo:

– Gregório, vamos nos tornar visíveis e conversar com os dois.

–Vamos levá-los para um socorro?

– Vamos fazer como Ambrózio fez na igreja, convencê-los a pedir socorro.

– Entendido.

Bati palmas à entrada, acendi minha lanterna. O local estava escuro, enxergávamos porque, como já disse, treinamos para enxergar em locais sem luz. Exclamei:

– Ô de casa!

Os dois assustados levantaram rápido e nos olharam com medo. Sorrimos, tentando ser simpáticos a eles.

– Boa noite! Cumprimentei-os. Sou Antônio Carlos e este, Gregório. Somos de paz! Viemos visitá-los. Podemos entrar?

Os dois se olharam confusos. Ele indagou:

– São do bando?

– Conhecemos os membros do bando. Não se preocupem, não queremos guerra.

– Se é assim, entrem.

Com a mão nos convidou a sentar, sentamos e eles acomodaram-se no chão sempre perto um do outro.

– Trazem alguma ordem? – indagou ele.

– Não, vocês fazem muito bem o trabalho que lhes incumbiram.

– Fazemos sim – acrescentou ela. – Já tínhamos olhado tudo antes de vir para cá. É tão difícil vir alguém com o corpo de carne aqui e, à noite, é que não vem mesmo.

– E quando vêm, vocês os assustam – falei.

– É ordem – disse ele. – Devemos afastar todas as pessoas daqui, só podemos permitir os que nos foram indicados. Cuidamos só dos vivos de corpo. Quanto aos outros é tarefa dos guardas da gruta de cima. Se algum encarnado vem aqui, jogo pedras e areia neles e minha companheira geme e arrasta latas. Dá resultado, todos fogem.

– Como conseguem? – indagou-me Gregório, falando baixo.

– No começo, alguns sensitivos podem vê-los e daí a fama do rochedo ser assombrado. Os que aqui vêm são condicionados a ver algo sobrenatural, isto faz com que abaixem a vibração e entrem em sintonia com a deles. Depois, todos os que vêm aqui já estão com medo e qualquer barulho assusta. Encarnados com um pouco mais de sensibilidade conseguem vê-los ou escutá-los, médiuns os veem quase nitidamente. Estes dois conseguem, por estarem tão ligados ainda à matéria, fazer barulhos materiais que são ouvidos por todos os encarnados. Portanto, assustam mesmo. São para o bando de utilidade, já que eles não querem ninguém por aqui. Assim os deixam em paz e não são tratados como escravos.

Os dois ficaram nos observando sem entender o que conversávamos. Gregório, sorrindo, voltou a eles.

– Como se chamam? Vamos ser amigos?

Os dois, desconfiados, olharam-se, mas resolveram se apresentar.

– Chamo-me Severino e ela, Maria Isabel. Estamos aqui há muito tempo – explicou ele.

– Desde que se jogaram das pedras – afirmou Gregório.

– Como sabem? – indagou Severino.

Respondi delicadamente.

– Sabe-se de muitas coisas por aqui. Este rochedo chama-se dos Amantes por esse motivo. Mas falemos de vocês. Gostam daqui?

– Poderíamos estar em lugares piores – asseverou Severino.

– Que lhe aconteceu? O que os levou a este ato infeliz? Conte-nos a história de vocês – insisti.

– Quase não conversamos com outras pessoas – admitiu Maria Isabel. – É a primeira vez que alguém educado vem nos visitar. Vou falar a vocês o que aconteceu conosco. Quando mocinha, conheci Severino, nos apaixonamos e passamos a nos encontrar todos os domingos no alto do rochedo. Sabíamos que nosso amor era impossível. Meu pai, fazendeiro local, não ia permitir que nos uníssemos. Uma vez nos viram e contaram ao meu pai, ele mandou surrar Severino e me arrumou um casamento com um homem mais velho e rico. Ficamos desesperados, passei a ser vigiada. Consegui fugir e vim me encontrar com Severino. Meu pai veio atrás de mim. Se nos pegasse juntos, ia matar Severino, torturando-o, pois ele já havia ameaçado. E eu não ia conseguir viver sem ele. Então decidimos morrer juntos. Ficamos aqui até meu pai chegar perto do rochedo, aí pulamos.

– O que a intolerância faz! – exclamou Gregório. – Que preconceito! Um amor tão bonito! Por que não deixar que vivessem juntos? É certo que muitos pais se preocupam com os filhos para que não casem com pessoas ruins. Mas com vocês, proibiram só porque Severino era pobre! Certamente muitos sofreram com o gesto impensado de vocês.

Achando que falou demais, Gregório calou-se e Maria Isabel continuou:

– Sim, sofreram. Minha mãe, os pais de Severino, mas ninguém como nós. Caímos e ficamos lá embaixo vendo nosso corpo despedaçado. Aqui ficamos como se estivéssemos amarrados, nunca mais saímos daqui.[8] Achamos este vão nas pedras e ficamos. Depois, chegou esse bando de bandidos e nos obrigou a assustar as pessoas. Ficamos juntos, ou melhor, sofremos juntos.

– Nunca pensaram em viver melhor? – disse-lhes. – Em recomeçar a vida sem tantos sofrimentos?

– Como? – perguntou Severino. – Suicidamo-nos! Suicídio não tem perdão, nem deixam passar o corpo na igreja para uma bênção.

– Acham então que pecaram? – indaguei. – Contra quem pecaram? Contra vocês mesmos? Contra o corpo perfeito que Deus lhes deu para

---

8 Os dois entenderam que erraram e se autopuniam. Sentindo-se como se tivessem sido amarrados no local onde provocaram a desencarnação. Se quisessem realmente, teriam saído. Ao nos sentirmos culpados, ou aceitamos de outros a punição, ou nós mesmos, muitas vezes, nos punimos (NAE).

viver um período encarnado e progredir? Ou pecaram contra Deus?

– Contra Deus! – responderam os dois.

– Não lhes ensinaram que Deus é bondade? Que é Pai Amoroso de todos nós? Que nos quer bem e que sejamos felizes? Não aprendemos que Ele nos perdoa sempre, quando pedimos perdão com arrependimento?

– Arrependimento! – comentou Maria Isabel. – Penso, às vezes, se não teria sido preferível ter-me separado de Severino e casado com aquele velho. Sofreria, mas por pouco tempo.

– Vamos pedir perdão, moçada!

Gregório levantou-se e bateu palmas, falando alto e com entusiasmo. Nós o olhamos admirados pela sua intromissão, ele se calou e sentou-se de novo. Falei tentando esclarecer o casal.

– Meus amigos, às vezes temos dificuldades na vida e não entendemos bem o porquê. Talvez vocês dois deveriam aceitar a separação para um aprendizado. Revoltados, cometeram um erro imprudente matando o corpo carnal que lhes servia de roupagem para viver encarnados. Todos erramos, de um modo ou de outro, nós que ainda estamos no rol das encarnações. Tendo novas oportunidades, tentamos reparar esses erros. O primeiro passo é entender que erramos, depois ter vontade de não errar mais. Pedir perdão e querer ser ajudado.

– Nunca mais me suicidarei – disse Maria Isabel convicta.

– Nem eu – admitiu Severino.

– Então por que não pedem perdão e mudam a forma de viver?

– Mas cadê Deus para pedir perdão? – indagou Maria Isabel.

– Maria Isabel – falei –, não O vemos, mas O sentimos em todos os lugares e dentro de nós mesmos.

– E como sabemos se estamos perdoados? – perguntou Severino.

– A paz que sentimos dentro de nós é a resposta.

Calaram-se e ficaram a pensar. Chegaram até a cogitar em separar-se. Gregório levantou-se, ajoelhou na frente deles e explicou:

– Vocês não precisam separar-se. Queiram o socorro. Sabem o que é socorro para vocês? Serão levados a um lugar maravilhoso onde não assustarão ninguém, onde serão tratados com bondade, onde aprenderão coisas maravilhosas sobre Deus e Jesus, e lá ficarão bem.

– Existe lugar assim? – espantou-se Maria Isabel. – Mas somos suicidas, réprobos.

– Mas filhos de Deus! – afirmou Gregório emocionado.

Os três choraram. Gregório emocionou-se. A vontade de ajudá-los era muita. Mas para ajudarmos alguém, devemos seguir regras de onde trabalhamos; regra nenhuma no Plano Espiritual é taxativa. Para melhor harmonia dos lugares de socorro, devem ser levados os desencarnados arrependidos e que querem ajuda. Centros Espíritas não seguem esta regra, porque nos trabalhos de desobsessão podem convencer estes desencarnados. Mas, quando se empenha em ajudar, pode-se tentar convencer como Ambrózio fez na igreja e nós estávamos fazendo. Nem sempre dá resultado. Mas o choro deles sentido e sofrido demonstrava que estavam arrependidos. Choro assim lava a alma, costuma-se dizer. É verdade, Maria Isabel e Severino sentiam-se, pela primeira vez após a desencarnação, aliviados e amados.

– Vamos pedir perdão, Severino? – indagou Maria Isabel.

–Vamos – concordou ele.

– Eu falo por vocês! – Gregório propôs alegre.

Não precisava, só em dizer "vamos pedir perdão, já pediram. Foi sincero, de coração. Mas meu jovem amigo, recordando Ambrózio, falou emocionado:

– Deus, nosso Pai, erramos muitas vezes, porque somos muito imperfeitos em não seguir Seus Divinos ensinamentos. Mas reconhecemos que erramos e queremos que nos perdoe. Nunca mais pensaremos em matar alguém nem nosso corpo carnal. Queremos Seu amoroso perdão e que nos ajude. Amém!

Severino e Maria Isabel encostaram um no outro e, aproveitando que oravam, adormeci-os num passe.

–Vamos levá-los à Colônia e os deixaremos na parte do hospital que abriga suicidas – eu concluí.

Pegamos os dois como se fossem duas criancinhas ternas e volitamos. Na Colônia, os deixamos no hospital. Naquele local de socorro, as enfermarias são separadas em alas masculina e feminina. Mas, por meu pedido, acomodaram Severino e Maria Isabel num quarto para não separá-los. Nós os deixamos medicados, vestidos com roupas do hospital e dormindo.

– Vão dormir por muito tempo – disse-nos o orientador do hospital.

Agradecemos e voltamos. Sentamos numa das pedras do rochedo. Logo ia amanhecer e Ambrózio viria nos encontrar. Gregório indagou:

– Eles vão dormir por muito tempo?

– Sim, farão um tratamento pelo sono. Mesmo dormindo escutarão músicas suaves e leituras evangélicas. Quando acordarem estarão tranquilos e aptos a aprender melhor.

– Eles vão se separar?

– Na Colônia não, enquanto estiverem desencarnados estarão juntos. Quando reencarnarem, não sei. Se nesta última tudo indicava que iam se separar, devem existir motivos para isso. Espero que os dois entendam e se preparem bem para a próxima encarnação.

– Antônio Carlos, será que o bando achará falta dos dois?

– Não creio. Pelo visto não tinham muito contato. Só perceberão se algum encarnado aqui vier e não for assustado.

– Que bando, hein? Usar um pobre casal para ajudá-los.

Olhei-o; entendendo que exagerara; Gregório logo consertou:

– Bem, os dois erraram, mas quem não erra? Como desconhecer a verdade faz mal às pessoas! Elas sofrem muito por pensar que vão penar eternamente no inferno e que não serão perdoadas.

Certamente Gregório tinha razão, pensei. Não devemos errar e pensar em safar-nos pedindo perdão. Pedir perdão com sinceridade nos condiciona a sermos ajudados, mas não anula o erro. Só com a reparação, construindo, é que consertamos o erro. Mas também não é certo pensar que não seremos perdoados e que sofreremos por nossos erros eternamente. Novas oportunidades teremos, basta aproveitá-las e por nenhum motivo suicidar-se. Porque, ao tirar a vida do nosso corpo carnal, só aumentaremos nossos sofrimentos e não resolveremos nada. Devemos sempre meditar sobre os erros que cometemos, reconhecendo-os e entendendo por que erramos; fazer o propósito de não errar mais, pedir perdão a Deus e a quem ofendemos. Depois, vamos com amor reparar nossos erros. Se não tiver como repará-los no momento, ao fazermos o bem, estaremos construindo aquilo que destruímos. E devemos lembrar sempre que somos muito amados pelo nosso Pai Maior.

– Antônio Carlos, que pensamentos bonitos! – exclamou Gregório.

Gregório lera meus pensamentos. Isto não se faz sem permissão entre companheiros. É como escutar uma conversa reservada. E tratou logo de desculpar-se:

– Desculpe-me, amigo. Fiz sem querer. É que estando quieto, acompanhei seus pensamentos.

– Está bem – respondi.

– Estou muito feliz por ter ajudado aquele casal. O rochedo ficará sem seus amantes!

Sorrimos.

Festa na gruta

IV

Logo que o dia clareou, Ambrózio reuniu-se a nós e fomos à casa de Jair. Após o desjejum simples, os pais e o filho Aldo saíram para o trabalho no campo. Milton, o caçula, ficou para ir à escola; era ele que ajudava no serviço da casa. Jair também saiu, tomou o rumo do rochedo, passou pela gruta e continuou a andar distraído. Nós o acompanhamos. Os guardas desencarnados continuavam ali vigiando a entrada da gruta. Depois de uns vinte minutos de caminhada, Jair chegou à Casa Verde. Era um lugar muito bonito, a propriedade tinha uma casa grande e bem construída. Gregório falou suspirando:

– Lugar assim tão lindo não deveria ser usado para o mal!

Certamente não foi construída pelos atuais moradores. A casa estava erguida em cima de um penhasco que dava de frente para o mar: de um lado o rochedo, do outro os morros. Havia uma escada de pedra por onde os proprietários desciam até a pequena praia. A casa era rodeada de muitas árvores ornamentais, frutíferas e coqueirais, daí o nome Casa Verde. As árvores iam até os fundos da casa e desciam para um pequeno vale.

A propriedade estava guardada tanto por encarnados armados, eram dois que vigiavam; como por alguns desencarnados que tínhamos visto no dia anterior na gruta.

Gregório observava tudo com atenção. Indagou desconfiado a Ambrózio:

–Vamos entrar? Não nos notarão?

– Gregório, vibramos diferente deles. Eles não conseguem entrar em nossa sintonia. Para que entenda, vou usar de um exemplo fácil. É como ligar um rádio e localizar pela sintonia uma onda e o que se passa em outras é desconhecido. Nossa vibração é rarefeita; para eles é quase impossível entrarem na nossa faixa mental ou nos ver. Nós temos a visão ampliada e conseguimos vê-los sem sermos notados. Continuemos com o exemplo do rádio: eles, desencarnados, como também os encarnados, ignorantes e maus, estão nas ondas longas, e nós na média. Os espíritos superiores estão nas ondas curtas. Se desencarnados superiores a nós aqui vierem, conseguirão vê-los e a nós, sem que nós consigamos vê-los. Só os veremos se eles entrarem na nossa onda vibratória. E para que estes desencarnados que aqui estão nos vejam, devemos entrar em sintonia com eles. O espírito evoluído consegue sintonizar em todas as ondas, o que não acontece com os que estão nas ondas longas. Assim é em todos os planos da Terra: quem vibra no bem, o mal não consegue atingi-lo. E os que se afinam com o mal não conseguem ver os desencarnados bons, a não ser que estes queiram. Também, quase sempre, não conseguem receber benefícios dos bons, porque não aceitam, não querem e não sintonizam. Por tudo isso é que para ajudar, o necessitado precisa pedir, querer auxílio e ficar receptivo.

– Ambrózio, quando Xampay começou a externar palavras e atitudes obscenas, por que ele me desequilibrou? Senti o impacto de suas vibrações inferiores. Ele ia conseguir me ver?

Gregório perguntou querendo entender o que se passara com ele na gruta. Ambrózio carinhosamente o elucidou:

– Você, ao sentir medo, fez com que ele, espírito com conhecimentos no mal, o sentisse, sem, contudo, vê-lo. Ele fez tudo aquilo tentando fazer você baixar sua vibração e entrar em sintonia com a dele. Gregório, para que não sejamos atingidos pelas vibrações inferiores, é necessário estarmos libertos dos atos que as palavras do autor nos sugestionam a visualizar. É um pouco difícil para compreender. Muitos espíritos bons, que negam essas atitudes e não as cultivam, ainda assim não se libertaram de tais atos. A libertação se dá quando, pensando ou vendo tais circunstâncias, não somos tocados por elas. Tal qual um adulto que na sua infância tenha brincado, e agora não condena o brinquedo e não é tocado pelo desejo de brincar.

–Vamos mostrar a eles que estamos aqui? – quis saber Gregório.

– Não. Estamos aqui para estudar a situação, planejar como melhor ajudar. Por enquanto, é preferível que ignorem a nossa presença.

Entramos. A casa tinha poucos móveis, só os essenciais. Os guardas cumprimentaram Jair e lhe disseram que o chefe queria vê-lo.

Nós o seguimos. Jair entrou num escritório, onde estava um homem sentado atrás de uma escrivaninha. Devia ter cinquenta anos, cabelos grisalhos, demonstrava ter estudos, diferenciando-se daquela gente simples do povoado. Ele recebeu Jair sorridente, e com a mão o mandou sentar. Ali estavam três desencarnados do bando, um deles era Xampay, que parecia ser importante no grupo da gruta. Gregório quis esconder-se atrás de mim, mas vendo nossa tranquilidade, acalmou-se. Escutamos:

– Tudo pronto, Jair?

– Sim, Sr. Euclides, tudo.

– Continua sem dizer nada do que fazemos, não é? Sabe que Xarote foi quem pediu.

– Nada digo. Tudo que Xarote diz é lei.

– Assim é que se fala. Logo começarei a ganhar dinheiro e você, me ajudando, ficará rico. Aqui está, como combinamos, o recibo do depósito que fiz em seu nome num banco da capital. Também trouxe muitas coisas que comprei para você e família. Diga a seus pais que é presente do seu patrão e que são coisas usadas da minha família. Entendeu?

– Sim, obrigado.

O dono da casa colocou dois sacos grandes e cheios em cima da mesa.

– Jair, agora tenho que trabalhar. Vá mais cedo para casa e diga a sua mãe que terá que pousar aqui como das outras vezes. A festa desta noite deverá ser muito bonita. Comprei toda minha oferenda.

– Também mandei comprar a minha. Já coloquei na gruta.

– Tome cuidado, Jair, ninguém deverá vê-lo.

– Não se preocupe, Sr. Euclides, na aldeia todos têm medo do rochedo.

– Em todo caso, Laerte vai, ao entardecer, verificar tudo por lá e assombrará se encontrar alguém.

Jair levantou-se e saiu. Euclides passou a ver uns papéis, eram mapas e nomes de distribuidoras. Fomos ver o que Jair fazia naquela casa. Ele dirigiu-se ao porão, onde estava um bem montado laboratório em que se transformava a planta coca em cocaína. Lá havia muitos galões de álcool, éter, acetona e outros produtos químicos. Ali estavam três desencarnados completamente alucinados pela droga. Jair passou a fazer seu trabalho com atenção.

Fomos olhar a propriedade. Embaixo das árvores estava a plantação de coca. Depois de vermos tudo, voltamos ao rochedo. Gregório não nos deixou em silêncio.

– Ambrózio, Antônio Carlos, viram só? Estamos lidando com traficantes. Aquele Euclides, o chefe encarnado, parece bem esperto. Uma pequena plantação de coca, um laboratório bem montado neste lugar de difícil acesso, de um lado o mar, do outro, morros e terras abandonadas, só o povoado de pessoas medrosas e ignorantes. E, ainda, mão de obra barata. Naquele terreno na frente pode descer um avião e pelo mar ele pode mandar sua mercadoria para centros maiores. Ele tem junto a si um bando encarnado e outro desencarnado. E paga mal, viram? Deu ao garoto objetos baratos, um pequeno depósito no banco e deve ganhar milhões. Que coisa, hein?

Já acostumados com a eloquência de Gregório, Ambrózio e eu escutamos quietos. Quando terminou, Ambrózio o elucidou:

–Você está certo. Euclides tem encarnados a seu serviço e está unido a este bando de desencarnados.

Existe aqui um intercâmbio com as forças do mal. Desencarnados trabalham para que o tóxico se expanda. Eles querem aumentar o número de dependentes desse vício no plano físico e espiritual. E os encarnados envolvidos no tráfico são ávidos por dinheiro fácil. Traficantes encarnados estão quase sempre unidos a desencarnados trevosos que os protegem à sua maneira, ou em troca de favores, ou simplesmente para ver o tráfico crescer. Muitos trabalhadores do bem têm lutado com muita dedicação tentando ajudar viciados e até mesmo traficantes. É um trabalho difícil, estes raramente os escutam e nem sempre seguem seus conselhos.

Ficamos calados, meditando. Pensei como o tóxico está levando sofrimento a tantas pessoas. Os principais prejudicados são os viciados; muitos jovens envolvidos, pais que veem seus sonhos desmoronarem... E muitos quase sempre começam por brincadeira, por curiosidade, e acabam entrando no mundo do crime, roubo, comprometendo-se cada vez mais com as forças malignas. Os traficantes serão responsabilizados pelos seus erros, que são grandes e que consequentemente os levarão a muito sofrimento. Certamente, só com muita dor é que se equilibrarão. Usam para o mal a inteligência e poderão ser privados dela em futura reencarnação, embora isso não seja regra geral. Porém, os traficantes muito terão que responder pelo erro enorme que praticam.

– Já sei! – exclamou Gregório todo contente, quebrando o silêncio. – Faremos alguém colocar fogo nas plantações. Tramaremos e faremos o grupo brigar entre si e se separar.

Ambrózio olhou com carinho para seu discípulo e elucidou:

– Não será fácil alguém colocar fogo nas plantações. Todos os encarnados ali estão vinculados, seja ao emprego, ao dinheiro ou ao mal. Não podemos envolver pessoas que não estão ligadas a eles; estão armados e tirariam a vida física de quem se intrometesse. Há entre eles uma organização bem montada, eles se afinam e não vão brigar a ponto de se separarem. É um erro menosprezar as forças trevosas. E qualquer falha nossa dificultaria o trabalho. Vou à Colônia e relatarei a existência deste comércio. Verificarei se as equipes que trabalham com viciados sabem deste lugar e se podem nos ajudar, orientando-nos. Aqui viemos auxiliar uma mãe aflita a recuperar Jair e defrontamos com outros necessitados e com o tráfico de drogas.

– Recuperar Jair parece difícil. O danadinho está bem atolado – considerou Gregório.

– Atolado! Boa definição para a situação dele – exclamou Ambrózio. – Diga-me, Gregório, o que se faz quando alguém está atolado?

– Amarra-o e puxa com força – falou nosso jovem companheiro – Sairá, com certeza, se quem o puxar não esmorecer, mas sairá sujo e talvez machucado.

– Não será um trabalho fácil. Principalmente existindo muitos a segurá-lo na lama. Nosso trabalho será esse. Pretende ficar conosco, Gregório? – indagou Ambrózio.

– Fico. Mas vou avisando, tenho medo desses desencarnados e não me mande ter com eles sozinho. Combinado? Que faço agora?

Gregório nos fazia sorrir, transmitia alegria a todos que o rodeavam. Ambrózio respondeu:

–Vou à Colônia, estarei aqui às dezesseis horas. Fique com Antônio Carlos. Até logo!

Ambrózio volitou rapidamente e Gregório olhou para mim.

– Antônio Carlos, é mais seguro não nos locomovermos daqui. Mas ficar horas sem fazer nada é perda de tempo. Que sugere? Voltarmos à igreja para verificar se não tem por lá mais nenhum sofredor?

Sorri.

– Por que sempre ri de mim? – queixou-se ele.

– Não rio de você, mas para você. Encanta-me com seu modo de ser e de agir. Será um grande servidor do bem com sua alegria contagiante.

Gargalhou feliz. Com seu modo ingênuo, demonstrava sua grande vontade de ser útil.

– Que faremos então? – insistiu Gregório.

– Que tal irmos até os familiares de Jair e depois percorrermos a aldeia? Quem sabe encontramos alguém capaz de nos ajudar. Uma denúncia à polícia, para que possa assim descobrir esse tráfico, por exemplo.

– Que bela ideia! Por que será que não pensei nisto?

Os pais de Jair e seu irmão Aldo trabalhavam muito; o trabalho deles era árduo. Sondei-os. Aldo, garoto ainda, tinha verdadeiro horror só em pensar no rochedo, já fora assustado e não iria lá nem na Casa Verde. O pai se preocupava mais com o sustento da família, achava que Jair estava bem e que a mulher se inquietava demais. Sara sim, estava apreensiva, amava muito os filhos, queria poder oferecer uma vida melhor a eles. Faria qualquer sacrifício por todos, ela iria ao rochedo e à Casa Verde.

– Eles não podem nos ajudar – eu disse. – Vamos à aldeia.

– Não acha, Antônio Carlos, que Sara poderia?

– Gregório, quando buscamos ajuda de encarnados, não basta só contar com a boa vontade, embora ela seja importante. Esta senhora está física e mentalmente cansada. Falta-lhe até o necessário e ela está muito preocupada tanto com os filhos ausentes quanto com os três menores que estão com eles. Ela iria ao rochedo e o que iria ver lá?

Pedras... Poderia até ver a gruta, seu filho diria que é um lugar para brincar. Entenderia o que se passa ali? Certamente que não. E, se for à Casa Verde, vai ver o filho trabalhando numa plantação. Ela não sabe o que é coca nem que é uma planta tóxica. Nem Jair sabe. Ele pensa que a usam na comida e que se faz chá. Sara, ignorante, pensará também. Vamos expor essa senhora à toa.

– É, para ajudar é necessário saber...

– Certamente.

Andamos pela aldeia, estava difícil. Todos temiam as assombrações do rochedo, muitos já tinham ido à Casa Verde sem ver nada de suspeito e não estavam interessados em voltar lá. Só conseguimos atiçar a curiosidade do dono do pequeno armazém, que era pessoa com algum conhecimento. Achei que talvez ele pudesse nos ajudar.

De tanto Gregório insistir, voltamos à igreja. Estava vazia. Ao ler o aviso na porta, tive uma ideia. Dali a dois dias era o domingo em que o padre chegaria. Talvez o reverendo pudesse nos ser útil. Animados, voltamos ao rochedo e esperamos por Ambrózio. Na hora certa, ele chegou, mas não estava sozinho. Estava acompanhado de outro espírito, uma moça de agradável aspecto. Apresentou-a:

– Esta é Cláudia, uma professora, uma cientista com muitos conhecimentos em plantas tóxicas e seus efeitos. Veio para nos ajudar.

– Olá, sou Gregório. É bem jovem para ser professora!

– Não desencarnei velha e, trabalhando no momento com jovens, achei melhor parecer com eles – explicou a moça delicadamente.

– Cláudia está a par de tudo – esclareceu Ambrózio, continuando:

– Estivemos na aldeia observando seus moradores, acho que podemos contar com a ajuda do comerciante José, que não é tão medroso e é curioso. Talvez também com a do padre, que é a pessoa mais instruída que tem neste lugar. Ele estará na aldeia no próximo domingo. O resto das pessoas daqui, ou tem medo em excesso, ou é ignorante demais para descobrir o que está acontecendo. Também devemos ter cuidado, o pessoal da Casa Verde não é de brincadeira, poderiam matar quem bisbilhotasse.

– Que acontecerá se alguém desencarnar tentando denunciar a quadrilha? Será socorrido ou o grupo de Xampay o pegará para vingar-se? – perguntou Gregório preocupado.

– Dependerá de muitas coisas. É por essa razão que devemos ter cautela. Não podemos colocar em perigo a vida física de ninguém desta sofrida aldeia. Gregório, são os nossos atos que nos levam a sermos socorridos ou não quando desencarnamos. Uma pessoa com o objetivo de ajudar os jovens, ou pessoas que se viciam, está agindo com honestidade e dignidade, porque poderia querer pertencer ao bando e ganhar muito dinheiro. A intenção de denunciar é boa, por essa razão seria socorrido e não o deixaríamos nas mãos do bando. Mas ele tem o livre-arbítrio. Sendo bom, ficaria conosco, senão poderia voltar e vagar pelo seu ex-lar ou pelo Umbral, conforme lhe conviesse. Valemos pelas nossas obras e a última é muito importante.

– Bem, se é assim não precisamos preocupar-nos se alguém desencarnar...

– Não, Gregório, a vida encarnada é muito importante para todos nós. Não devemos expor ninguém e não o faremos. Agiremos com o máximo cuidado. Planejando, sempre encontraremos como ajudar com segurança.

Jair passou pelo rochedo, foi para sua casa. Estava com os dois sacos nas costas. Ambrózio nos convidou:

– Vamos à gruta e colocaremos nela aparelhos de transmissão, assim veremos o que acontece lá à noite.[9]

– Se não se importarem, fico – falou Gregório.

---

9 Ambrózio e eu não necessitávamos de aparelhos para ver os acontecimentos na gruta. Poderíamos de longe nos concentrarmos na furna e ver tudo. Mas estavam conosco outros dois que não tinham ainda esta capacidade. Assim, usamos deste recurso que muitos trabalhadores do bem usam para melhor desempenho de suas tarefas (NAE).

– Mas ficará sozinho – objetei.

– Bem, vou... – replicou nosso jovem amigo.

Os guardas estavam na entrada, entramos sem que notassem e colocamos três minúsculos aparelhos de transmissão em cantos estratégicos. Saímos, Gregório suspirou aliviado.

– Que aventura!

– Vamos agora ver Jair – convidou-nos Ambrózio.

Jair estava em casa, tomou banho e vestiu uma roupa que ganhou.

Logo os membros da família chegaram.

– Veja, mamãe – falou o garoto contente –, pedi ao sr. Euclides que quando tivesse roupas velhas e brinquedos me desse. Ele me trouxe tudo isso da sua casa da capital. Olhe quantas coisas! Tem brinquedos para você, Mílton.

Olhavam encantados, as roupas serviriam para todos. Havia utensílios de casa, dois cobertores e alguns brinquedos.

– Que bom! Jair, você agradeceu ao senhor? – indagou o pai.

– Agradeci. A senhora gostou, mamãe?

– Gostei. Mas não são coisas baratas para serem da família dele? As roupas parecem novas, sem uso, e parecem servir a nós sob medida – replicou Sara preocupada.

– Não reclame, mulher – retrucou Jacó. – Devemos agradecer, é tudo tão bonito!

– Pai, o senhor Euclides me pediu para dormir lá. Posso?

– Claro, claro. Vá logo antes que escureça.

Jair pediu a bênção aos pais para sair. Mílton o observou e comentou:

– Jair, você está bonito com as roupas novas!

O menino nem respondeu, saiu e tomou o rumo do rochedo, deixando a família contente com os presentes. Sara gostou, mas não ficou alegre. Seu coração estava amargurado, achando que algo estava errado. Ambrózio afagou seus cabelos.

– Calma, minha Nizá, calma, Sara! Aqui estou para ajudá-la. Tudo dará certo!

Sentindo os fluidos bondosos de Ambrózio, ela acalmou-se e foi preparar o jantar.

Começara a escurecer. Voltamos ao rochedo, sentamos do outro lado da entrada da gruta. Ambrózio montou sua tela. Este aparelho é parecido com a televisão dos encarnados. É de um material desconhecido no mundo físico, fino e transparente. Temos aparelhos de diversos tamanhos, onde se projetam imagens. A tela que usamos no Rochedo era de tamanho médio, cinquenta centímetros de diâmetro.

Começou a movimentação de desencarnados. O trabalho estava marcado para ter início às vinte e duas horas. Tínhamos que esperar e ficamos conversando. Cláudia falou dela.

– Trabalho no combate às drogas há trinta anos. Encarnada, trabalhei numa farmácia e tive por outras encarnações muitos conhecimentos de Medicina. Depois de algum tempo de meu desencarne, estudei Medicina numa Colônia de Estudo. Especializei-me em cuidar de desencarnados viciados em tóxicos. Sinto em ver cada vez mais este vício aumentar de modo alarmante, pedi para fazer parte de um grupo que o combate. Faço parte de uma equipe grande e trabalho com muita dedicação. Amo o que faço e me alegro com a recuperação de cada infeliz viciado. Tentamos também ajudar os que traficam, porque estes cometem um grave erro e, quando um deles nos atende, é uma grande vitória. As trevas lutam para aumentar este vício que leva tantos a outros erros e crimes. Nós lutamos para recuperá-los e tentamos evitar que muitos entrem nesta roda dolorosa.

Olhamos com admiração para aquele espírito tão laborioso e que amava o que fazia, dedicando-se com carinho a estes imprudentes que se destroem nos tóxicos.

Um pouquinho antes das vinte e uma horas, a comitiva encarnada chegou com muitas coisas. Ligamos o aparelho. Jair estava todo de vermelho, calça e camisa, os cabelos estavam penteados para trás e lustrosos. Os encarnados estavam com roupas estranhas, uns de preto, outros com roupas de capuz, outros enfeitados demais.

Começaram os preparativos, um encarnado ficou de guarda acompanhado por quatro desencarnados. Eram doze encarnados e os desencarnados foram chegando aos bandos.

Gregório olhava tudo com os olhos arregalados. Cláudia estava séria. Ambrózio e eu, acostumados a socorrer desencarnados trevosos, olhávamos com tristeza. De dentro das caixas, sacolas e pacotes que os encarnados levaram, foram tiradas muitas garrafas de bebidas de várias qualidades e pedaços grandes de carnes cruas de vários animais. Tudo foi colocado em cima de um caixote em frente ao altar. Várias velas coloridas foram acesas por toda a gruta. Também havia algumas frutas e pratos com alimentos. Os desencarnados olhavam sem mexer em nada.

Depois de tudo arrumado, os encarnados posicionaram-se pelo salão e um deles pegou um tambor e em tom baixo começou a tocar compassadamente.

Logo chegou o chefe desencarnado com seus acompanhantes, ou seja, seus guardas particulares. Um desencarnado incorporou em Jair e os outros incorporaram nos outros encarnados. Jair recebeu um só desencarnado, os outros médiuns, vários, ou seja, um encarnado recebia um após outro, eles faziam rodízio. Começaram a comer e a beber. Os pedaços de carne crua foram rapidamente devorados.

Os encarnados comiam, os desencarnados sugavam as emanações, tanto dos alimentos como os fluidos dos encarnados. Os desencarnados faziam dos encarnados ali presentes o que queriam, uns se arrastavam pelo chão, outros dançavam alucinadamente.

Xarote, desencarnado mau, gozador, usava Jair como seu médium, denominando-o de cavalo. Incorporar é um termo usado para se referir a um intercâmbio entre os dois planos, entre o encarnado e o desencarnado. Desencarnados educados e instruídos só se aproximam dos encarnados, entram em sintonia de mente a mente. E os que usam deste intercâmbio para receberem uma orientação em Centros Espíritas, aproximam-se dos médiuns, sem contudo encostar, embora eu tenha visto, em alguns lugares, aproximarem-se bem. Não é preciso o desencarnado se aproximar tanto do médium se este é estudioso e treinado, basta para o intercâmbio entrar em sintonia. Mas, os desencarnados como descrevo aqui, aproximavam-se bem dos encarnados, encostavam, colavam, isso para sentirem mais as sensações do corpo físico. Xarote fazia de Jair um cavalo; montava em suas costas, fazendo o menino se curvar. Ambos estavam de vermelho. Xarote tinha em seu tornozelo uma espora com três pontas e de vez em quando dava uma esporada em Jair, machucando seu perispírito, que transmitia ao corpo físico. Eram os três ferimentos no formato de triângulo que ele tinha na perna.

A farra na gruta era total, o senhor da Casa Verde, Euclides, olhava tudo sorrindo. Colocou no altar uma vasilha com o pó branco: cocaína pura. Em outra vasilha, colocou pó e galhos secos e pôs fogo. Deliciaram-se com o aroma exalado.

Chegaram mais desencarnados com oito desencarnados viciados, que desfrutavam da cocaína no altar. Ambrózio explicou a Gregório:

– São desencarnados viciados que o grupo usa para vampirizar encarnados. Trocando energias com imprudentes encarnados, estas entidades conseguem viciar outras pessoas.

É bem triste ver desencarnados viciados, eles ficam deformados, com o perispírito corroído, alguns nem parecem humanos.

– Não conheço nenhum deste bando – comentou Cláudia.

Logo após se saciarem, estes viciados foram levados embora.

– Vou segui-los – avisou Cláudia.

– Se me permitir, vou com você – disse.

Cláudia concordou com a cabeça e Gregório preferiu ficar com Ambrózio. Nós os seguimos sem que percebessem. Volitaram devagar, atravessaram o Umbral e chegaram a uma cidade organizada por mentes perversas. Paramos um pouco afastados.

– O grupo deve morar aqui – concluiu Cláudia, observando tudo.

– É uma cidade comum do Umbral.

– Sim. A droga está se espalhando por todos os lugares com rapidez. Algum tempo atrás, organizavam grupos específicos, hoje, além destes grupos, em quase todas as cidades do Umbral há grupos viciados e traficantes. Vamos voltar.

Em instantes, estávamos no Rochedo. Ambrózio e Gregório assistiam à festa na caverna. Para os encarnados Xarote era o chefe, porém era somente o porta-voz do chefe verdadeiro. Este chefe, espírito de conhecimento, estava relativamente bem vestido, todo de preto, com um cinto largo de ouro na cintura, colares de pedras azuis e vermelhas. Tinha muitos anéis de vários formatos e tamanhos. Cabelos negros bem penteados e um bigode fino, olhos verdes e olhar cínico e maldoso. Observava tudo calmamente, gozando com a farra.

Euclides aproximou-se de Jair e perguntou ao desencarnado incorporado.

– Xarote, gostou das oferendas?

Xarote olhou para o chefe; os dois se comunicavam por telepatia, ele falava o que o chefe mandava.

– O uísque está meio fraco. Qualidade melhor da próxima vez.

– Sim, sim – falou Euclides.

– Quero outra festa daqui a trinta dias, numa sexta-feira. Devem ficar atentos, desencarnados abelhudos apareceram por aqui. Não esqueçam os sacrifícios todos os dias às vinte e duas horas. Joguem o que sobrar no mar. Restos são restos.

– Xarote – pediu Euclides –, gostaria que me ajudasse. – Tenho um comprador que me deve um bom dinheiro, era para pagar há dois dias e não o fez.

– Qual o endereço? – indagou Xarote por intermédio de Jair.

Euclides deu as informações.

– Pode deixar, vamos lá e o faremos pagar.

– Obrigado!

– Só isso? – perguntou Xarote.

– Peço sempre guarda e orientação – disse o dono da Casa Verde. – Não nos deixe ser descobertos.

– Pode deixar, é do nosso interesse isto aqui.

Xarote fez Jair comer, beber, fumar e dançar. Olhamos com tristeza os excessos que obrigavam o menino a fazer. Jair era médium semi-inconsciente. Quando Xarote resolveu deixar o médium, deixou-o caído no chão. A festa acabou. Os desencarnados foram embora, deixando só dois guardas e os encarnados todos bêbados. Voltaram à Casa Verde.

Desligamos o transmissor.

– Tantos acontecimentos estranhos! – comentou Gregório. – Não pensei que existisse intercâmbio mediúnico deste jeito!

– Encarnados e desencarnados se afinam e formam grupos. A mediunidade é um dom que se pode usar para o bem ou para o mal, conforme a vontade de cada um, porque todos temos nosso livre-arbítrio. Esses grupos trocam favores se enlaçando num emaranhado difícil de desfazer – lamentou Cláudia suspirando.

Realmente, tudo o que vimos era estranho e triste.

Buscando ajuda entre os encarnados

V

Ambrózio teve que se ausentar. Cláudia reuniu-se com sua equipe na Colônia a qual estava filiada, isto é, no lugar onde tinha seu cantinho, seu lar e onde, com sua equipe, recebia ordens e orientação. Ela não tinha local fixo para trabalhar, porque trabalhava com encarnados ou desencarnados em vários locais de socorro. Ia também aproveitar o encontro para relatar os acontecimentos que presenciou. Gregório resolveu ficar no rochedo, porém avisou:

– Só entrarei na gruta quando não tiver ninguém lá. Vou só observar, não farei nada sozinho.

Eu fui ao Posto de Socorro da região e aproveitei as horas em que ia ficar livre para colaborar naquele local de auxílio, onde estavam abrigados muitos necessitados. No horário marcado fui ao rochedo. Encontrei os três à minha espera. Cláudia nos deu a notícia:

– Minha equipe desconhecia a existência deste grupo e se colocou à disposição para qualquer ajuda que necessitássemos.

Alegramo-nos. Gregório respondeu à indagação de Ambrózio sobre o que havia acontecido na gruta:

– Nem vestígio da festa, ficou só um guarda, que dorme tranquilo na certeza de que ninguém vem aqui. Jair acordou cedo e limpou a gruta, pegou o resto da festa e jogou no mar. Depois de tudo em ordem, foi para a Casa Verde desfigurado e com grande ressaca.

– Estas festas prejudicam muito o físico de Jair – expliquei. – Essa vida agitada poderá levá-lo à desencarnação precoce. Ainda bem que Xarote não o faz cheirar cocaína.

– Aqueles que querem tirar proveito dos tóxicos só traficam, não viciam – elucidou Cláudia, séria. – Lucram com a droga, mas não se tornam escravos dela.

– Vamos repartir as tarefas – opinou Ambrózio. – Cláudia e eu vamos tirar informações sobre os desencarnados, vamos a sua cidade. Antônio Carlos e Gregório vão se informar sobre Euclides, verificar se tem família e tudo sobre suas atividades. Também vão procurar saber sobre os encarnados do grupo, se tem lá alguém que possa nos ajudar

Procurem visitar novamente o comerciante e vão até o padre. Vamos nos encontrar aqui às vinte e uma horas. Boa sorte!

Ambrózio partiu com Cláudia. Gregório e eu fomos até a Casa Verde. Todos os que estiveram na gruta dormiam. Poucos trabalhadores ali estavam, uns no laboratório preparando a erva, outros na limpeza da casa e na cozinha. Jair dormia no porão do laboratório. O ferimento de sua perna estava feio, infeccionado, inchado e vermelhão em volta. Dessa vez não o mediquei, pois sabia que não adiantava. Quando o menino não recebesse mais Xarote em incorporação, eu o medicaria e o ferimento sararia, com certeza. O ferimento de Jair era pelo acontecimento que narrei, porém quero esclarecer que nem todos os ferimentos que não saram têm o mesmo motivo; a maioria é físico e tem inúmeras causas.

Observamos todos os empregados; eles estavam ali porque queriam e gostavam, trabalhavam pouco e ganhavam bem. Só um, Antônio, moço de vinte e sete anos, estava cansado e temia a polícia, pensava com saudade na sua mãe e irmã que moravam na capital.

– Talvez seja este o único com quem podemos contar para nos auxiliar – disse Gregório.

– Não sei – respondi –, ele não está satisfeito, porém acho que é muito medroso para ir contra o grupo, porque sabe que para os delatores é morte certa. Vamos ao escritório de Euclides.

Não havia ninguém no escritório. Os guardas desencarnados dormiam pelos cantos da moradia, só um vigiava e estava em cima da casa.

– Antônio Carlos, pensei que estes desencarnados não dormissem – considerou Gregório.

– Os desencarnados que vivem em Colônias, Postos de Socorro, que estudam e têm plenos conhecimentos de como viver sem o corpo físico, deixam de ter os reflexos das necessidades da carne. Dormir é um dos reflexos. Desencarnados com conhecimentos passam vinte e quatro horas do dia em plena atividade sem cansar, alimentar-se ou sentir os dissabores do físico. Gregório, lembro-lhe que conhecimentos não são regalias dos bons, são dos espíritos laboriosos e estudiosos. Muitos desencarnados maus sabem e vivem sem estas necessidades, como o chefe que vimos na gruta e que só olhava. Mas os bons fazem questão de ensinar os que querem aprender, e os desencarnados socorridos só não aprendem se não desejarem. Quanto aos desencarnados do Umbral e os que vagam, na maioria são ociosos e não querem ou não gostam de aprender, como também nem sempre têm quem os ensine, porque os maus são normalmente egoístas e não gostam de passar conhecimentos. Só o fazem esperando tirar proveito. Desencarnados, como os que vemos aqui, sentem as necessidades do corpo por estarem muito materializados e por gostarem dos prazeres que o corpo lhes oferece. Ontem, na festa, excederam-se em tudo, agora descansam.

Entramos no escritório e vimos tudo que nos interessava, nomes de compradores e fornecedores de produtos químicos que usavam no laboratório. Encontramos o endereço de Euclides e vimos um retrato de sua família. Tinha dois filhos, Marcelinho e Cíntia. Ele falava para a família que trabalhava com compra e venda de mercadorias pelo Nordeste. Euclides comprava os produtos químicos e pagava bem mais caro, os compradores revendiam a droga e todos ganhavam muito dinheiro.

Quando Gregório e eu entramos no escritório, nos foi fácil ver todos os documentos, mesmo os que estavam trancados no cofre e nas gavetas. Não mexemos em nada materialmente. Bastou nos concentrarmos no cofre para ver o que existia lá e ler todos os documentos. Sabemos fazer isso. Aprende-se em estudo nas Colônias, quando se quer trabalhar em ajuda a encarnados. Desencarnados que não sabem, quando querem descobrir, ficam perto dos encarnados quando estes vão ver o que lhes interessa. Em casos raros, só com fluidos de encarnados, preferência de médiuns, os desencarnados conseguem mexer em gavetas e nos documentos. Se os desencarnados forem bons, deixam tudo em ordem, senão deixam tudo revirado. Se existe algum desencarnado familiar ou simpático no lugar, este não os deixa mexer. No nosso caso, os desencarnados que ali faziam guarda não nos viram, porém foi para ajudar que vimos tudo e deixamos tudo como encontramos.

– Vamos agora – sugeriu – visitar o endereço que foi citado na festa.

Era uma mansão. Encontramos um homem bem aflito. Xarote e três companheiros ali estavam atormentando o indivíduo para que pagasse o que devia a Euclides. O homem estava nervoso, não dispunha da quantia. Por quinze minutos ficamos ali e o homem acabou pedindo a quantia emprestada a juros altíssimos e saiu para providenciar o pagamento. Os quatro riram gostosamente, foram acompanhá-lo para certificarem-se de que iria realmente pagar Euclides.

– Puxa! Xarote deve ter vindo cedo para cá – exclamou Gregório.

– Aqui vieram para fazer com que pagasse e conseguiram. Infelizes das pessoas que entram nessa roda de tráfico e banditismo.

Fomos à casa de Euclides. Ele morava com a família num bairro bom, casa muito bonita e de muito conforto. Todos dormiam naquela manhã de sábado. A esposa, mulher fútil, amante do luxo, dormia despreocupada. Cíntia, mocinha bonita, estava acompanhada por entidades pervertidas. Com apenas dezesseis anos já se prostituía simplesmente por volúpia; julgava-se feliz achando que se divertia. Os pais nada sabiam.

Marcelinho dormia agitado. Bastou vê-lo para saber que era viciado e já em altas doses. Acordou sentindo-se mal, havia marcas de muitas picadas pelo corpo. Sentou-se na cama, olhou as horas e resmungou em voz alta:

"Que festa a de ontem! Preciso tomar cuidado senão mamãe vai perceber e certamente vai contar ao meu pai. Ele fala tanto que é para eu ficar longe das drogas. Se eles descobrirem que não vou mais ao colégio e que uso o dinheiro das mensalidades para comprar drogas, vão pegar no meu pé. Maldita cocaína! Já não posso viver sem ela! Não sei o que faço. Talvez se eu contasse ao tio Mário, que é bom e gosta de mim, ele poderia me ajudar. Ai, vou vomitar!"

– Talvez esse tio Mário possa ajudá-lo – opinou Gregório. – Euclides trafica a droga e se preocupa com os filhos para que não se viciem. Mas ele sabe que outros jovens a consomem. Talvez seja a cocaína que ele refina que está matando seu filho único.

– É triste ver jovens se destruindo, adoecendo o corpo perfeito, levando à desencarnação precoce e a tantos sofrimentos. Também me entristeço com com a irresponsabilidade dos traficantes que tanto mal espalham.

Ajudei Marcelinho, dei-lhe um passe e fiz que vomitasse um pouco dos miasmas corrosivos que tinha no organismo.

Voltamos à Casa Verde. Agora todos já estavam acordados. Jair tomava uma refeição e depois foi embora. Sentia o corpo todo dolorido, estava triste e cansado. Foi andando devagar. Normalmente, os desencarnados, como Xarote, cuidam do seu médium, não por bondade ou carinho; às vezes podem até sentir amizade, mas o fazem para ter o médium para o intercâmbio ou para desfrutar os prazeres da carne. Só o prazer interessa a esses espíritos. Xarote, sabendo que se Jair viciasse não iria lhe servir mais, não deixava que se drogasse, mas por ignorância fazia que se excedesse, não levando em conta a fraqueza do menino e sua idade.

Em casa, Jair tomou um banho e se deitou. A mãe, preocupada, ofereceu-lhe alimento, que ele recusou. Jair ficou no leito quieto, sentia muito cansaço; logo depois dormiu.

Fomos à casa do comerciante e fizemos com que pensasse na Casa Verde. José pensou, matutou sobre o porquê de aquela casa ficar escondida e seus moradores serem tão estranhos. Fizemos que pensasse no padre para ajudá-lo a descobrir. Ele gostou da ideia. Desencarnados sugerem ideias a encarnados. Estas podem ser más ou boas, conforme a índole do desencarnado. Cabe ao encarnado distinguir e aceitar ou não as ideias sugeridas. Todos nós pensamos, sejamos encarnados ou desencarnados. As ideias sugeridas, como aconteceu com José, ele nem percebeu; achou, como a maioria, que eram pensamentos próprios. Mas nem todas as ideias e pensamentos que temos são sugeridos. Ouvimo-lo contentes falar à esposa:

– Prepare um bom almoço para amanhã. Vou convidar o padre para almoçar conosco. Assim conversarei com ele calmamente.

A mulher ficou contente, era religiosa e gostava do padre. José se pôs a fazer planos, agora sem nossa interferência. Só ficamos ouvindo seus pensamentos. Ele ia convidar o padre para espiar a Casa Verde dos Rochedos.

Resolvemos, Gregório e eu, conhecer o Padre Anderson. Era jovem, boa pessoa, estava empenhado em ser um bom servo do Senhor. Com ele estava um desencarnado, que em vida foi também um sacerdote. O desencarnado cumprimentou-nos sorrindo. Explicamos o motivo de nossa visita ao Vicente – era esse seu nome. Ali estava para ajudar Padre Anderson a auxiliar os encarnados que confiavam nele.

– Não é fácil fazer Padre Anderson xeretar – ele argumentou. – Não gosta de se intrometer na vida de ninguém. Vou tentar ajudá-los.

Como tínhamos feito toda nossa tarefa, voltamos ao Posto de Socorro e ficamos trabalhando até a hora de nos encontrarmos com Ambrózio. Às vinte e uma hora lá estávamos e trocamos informações. Gregório falou tudo o que pôde obter de informações e Ambrózio contou o que descobriu.

– Os desencarnados deste bando estão filiados à cidade no Umbral que Antônio Carlos e Cláudia viram ontem. Trocam favores com os encarnados. Aqui estão como poderiam estar com quaisquer outros que vibrem como eles. Jair pertenceu ao grupo quando desencarnado. Todos, encarnados e desencarnados, são perturbados, encantados pelo dinheiro fácil ou por prazeres. Todos necessitam de orientação que não querem no momento. Nosso trabalho será fazer com que a polícia descubra a plantação e o laboratório, como também ajudar na recuperação de Jair. Vamos fazer tudo o que estiver ao nosso alcance para que o comerciante José e o Padre Anderson descubram e comuniquem às autoridades encarnadas.

– Posso pedir a algum dos meus companheiros que trabalham com viciados na cidade onde reside Marcelinho para que tentem ajudá-lo? – perguntou Cláudia.

– Isto será muito bom – concordou Ambrózio.

Voltamos, agora os quatro, à casa do Padre Anderson. Nós o encontramos assistindo à televisão. Vicente nos recebeu gentilmente.

– Necessitamos muito dele – explicou Ambrózio. – É a única pessoa com instrução que pode nos ajudar.

– Estou tentando fazer com que ele aceite o convite que o comerciante José fará. Ele reluta, não gosta de andar nem de se intrometer em assunto que não lhe diz respeito – falou Vicente.

A atenção de Ambrózio foi para a estante cheia de livros. Depois de observá-la por instantes, dirigiu-se a Vicente.

– Este livro tem ótimas anotações sobre tóxicos. Peça ao Padre Anderson para dar uma olhada.

– Padre Anderson já o leu – respondeu Vicente. – Ele se interessa pelo assunto, mas como por estes lados não existem viciados, não prestou muita atenção. Vou tentar.

Vicente, espírito amigo de muitas encarnações de Padre Anderson, fixou nele seu olhar bondoso e pediu para ler um livro. Insistiu por dez minutos, até que, meio contrariado, o padre desligou a televisão e foi à estante pegar um livro.

– Não, este não! – insistiu Vicente olhando-o. – Este! Isto! Agora leia!

Vicente conseguiu que Padre Anderson pegasse o livro e folheasse, abrindo-o onde nós queríamos. Somos livres para atender a sugestões ou não. Alegramo-nos por ele ter atendido. Enquanto Vicente tentava, ficamos orando para que conseguisse. A parte do livro aberta mostrava desenhos da coca, explicando como era a planta. Padre Anderson olhou, leu alguns trechos, depois guardou o livro e arrumou-se para deitar. No leito, ele orou e aproveitamos para lhe transmitir fluidos salutares.

– Por que estamos fazendo isso? – indagou Gregório.

– Para que amanhã ele esteja bem-disposto a nos ajudar – respondi.

Depois, esperamos que ele adormecesse. Quando o fez, Vicente o tirou do corpo e levou-o até a sala. Estava meio tonto. Ambrózio e eu transmitimos fluidos ao seu perispírito e ele nos olhou mais lúcido. Vicente nos apresentou:

– São amigos, querem sua ajuda.

– Padre Anderson – disse Ambrózio gentilmente –, amanhã o senhor vai a um lugarejo celebrar uma missa. Ali perto existe uma plantação de coca que queremos que veja e denuncie às autoridades.

– Plantação de coca? Nesta região quase deserta!

– Sim, uma plantação de coca. Esperamos contar com sua ajuda.

– Não será perigoso? – perguntou o padre preocupado.

– Estaremos lá para protegê-lo.

Ambrózio conversava com ele, Gregório com seu modo ingênuo intrometeu-se:

– É sua obrigação também ajudar. Não é sua tarefa livrar as almas do inferno? Os viciados não deverão ir para o inferno? Deve salvá-los.

– Por favor, Gregório – cortou Ambrózio, fazendo-o calar-se.

– Quem é você? – falou Padre Anderson, autoritário. – Um simples cidadão a me dizer o que devo fazer!

Vicente o acalmou, levou-o ao corpo e veio ter logo conosco, gentil como sempre. Despedimo-nos dele, que prometeu nos ajudar no que lhe fosse possível. Nisso, Padre Anderson acordou e levantou para tomar água. Na sala resmungou:

"Que sonho estranho, parecia real. Sonhei com um moço que me falou que devo tentar salvar os viciados do inferno. Que coisa!"

Sabemos que o inferno não existe como Padre Anderson acreditava, porém, Gregório falou com ele de acordo com sua crença. E como isso foi o que mais lhe chamou atenção, acordou e recordou essa parte. Encontros assim sempre deixam alguma coisa ao encarnado, como ideias ou vontades.

Rimos. Padre Anderson foi novamente se deitar. Gregório desculpou-se com Vicente:

– Não quis ofendê-lo.

– Ora, fez bem, ele lembrou-se do que você falou. É realmente obrigação dele e de todos, principalmente dos dirigentes espirituais, livrar a humanidade dos vícios.

Fomos ao Posto de Socorro, porque só iríamos dar continuidade à tarefa no outro dia. Pusemo-nos com prazer a trabalhar entre amigos. Cláudia foi encontrar sua equipe e chegou contente com a notícia:

– A equipe vai ajudar Marcelinho, encontramos seu tio Mário e podemos contar com a ajuda desse senhor, que é muito religioso e bom.

Pela manhã, reunimo-nos e descemos ao rochedo. Ambrózio explicou:

– Vamos procurar neutralizar os guardas desencarnados para que não vejam o padre e o comerciante por aqui.

O guarda da gruta dormia, ali era fácil ser vigia, ninguém ia ao rochedo. Ambrózio e eu fixamos nele e desejamos que ficasse dormindo por horas sem acordar. Não posso explicar com detalhes este processo para não dificultarmos este trabalho no futuro. É algo parecido com uma hipnose. Com força magnética, mental e moral superior à dele, ordenamos que continuasse a dormir pelo tempo que queríamos, sem acordar. Findo o tempo fixado, ele acordaria normalmente e muitas vezes sem perceber o que ocorreu. Com desencarnados maus, que têm conhecimentos, esse processo é muito difícil e às vezes impossível de se realizar.

– Vocês não vão tentar convencer ninguém a mudar a forma de viver? – indagou Gregório curioso. – Não vamos tentar orientar este bando de desencarnados?

– Na hora certa vamos falar com eles, convidá-los para ficar conosco, largar essa vida de erros e conhecer o amor – falou Ambrózio.

– Aceitarão? – Gregório voltou a perguntar.

– Eles têm o livre-arbítrio para escolher, poucos como eles têm aceitado mudanças, porque esta forma de viver lhes agrada e não querem no momento se modificar.

– Não poderíamos forçá-los?

– Não vejo necessidade, Gregório – respondeu Ambrózio. – Às vezes, forçamos alguns desencarnados, a pedido de encarnados que estão sendo por eles prejudicados. Em trabalhos, quando defrontamos com desencarnados trevosos, tentamos sempre convencê-los a se modificarem para o bem. Mas para tudo existe o tempo certo. Só quando o espírito tanto encarnado quanto desencarnado está saturado de prazer ou de sofrer é que normalmente busca outra realidade: a verdadeira. Conosco aconteceu assim, com eles também acontecerá. Creio que só com Xarote vamos interferir. Ele e Jair estão muito ligados.

Mesmo o grupo sendo desfeito, os dois certamente ficarão juntos, assim sendo, não poderemos ajudar o filho de Sara. Jair, sem a interferência de Xarote terá chance de se reabilitar.

Gregório chegou perto do guarda adormecido.

– Posso observá-lo melhor?

Ambrózio concordou e nos aproximamos. Sua vibração era muito primitiva, exalava um odor desagradável. Sua fisionomia era feia, grosseira, lábios grossos e contraídos, as mãos estavam fechadas e a testa franzida. A beleza e a feiura diferem no Plano Espiritual e no físico. Beleza, para os desencarnados no caminho do progresso, é ter harmonia, equilíbrio e paz, independente dos traços fisionômicos, raça e cor. Não ser bonito é ser desprovido destes atributos.

Bastou fixar em sua mente para desfilarem muitas maldades cometidas por ele. Não nos aprofundamos, no momento não nos interessavam as ações daquele irmão. Quando fazemos isso é para ajudar ou estudar.

Entramos na gruta e Ambrózio virou a caveira chamando por Xampay, como vimos um guarda anteriormente fazer. Não demorou, Xampay chegou com dezoito desencarnados e nós os adormecemos. Assim, evitaríamos que vissem Padre Anderson e o comerciante José nas redondezas. Só um guarda encarnado estava a trabalho na Casa

Verde. Aproveitando que estava com sono, também foi fácil fazê-lo dormir.

Fomos para perto dos encarnados dos quais esperávamos ajuda. Padre Anderson aceitou com prazer o convite para almoçar com José. Durante o almoço, lembramos José para iniciar o assunto pelo qual estava bem curioso. E ele nos atendeu. Falou de tudo, da possibilidade da Casa Verde ser esconderijo de bandidos, de ter de fato assombrações, ou de ser moradia de pessoas boas e caridosas que poderiam ajudar o padre com as obras assistenciais.

Padre Anderson reclamou, não gostava de andar, teria que celebrar uma missa à noite. Vicente disse com autoridade:

– Vá! Vá!

– Vou – falou o padre quase sem querer.

José levantou-se e quase o arrastou para fora. Tomaram o caminho do rochedo. Da aldeia para ir à Casa Verde tinham que passar perto do rochedo. O padre foi reclamando, ora do calor, ora das pedras, mas foi.

Chegaram diante das árvores e viram a plantação. Padre Anderson assustou-se e se pôs a examinar uma folha.

– Virgem Maria! Que plantas são estas embaixo destas árvores?

– Dizem que são para fazer chá – falou José. – Ou tempero para gente importante. Estou desconfiado! Algo estranho deve acontecer por aqui. Que plantação esquisita que tem que ser cultivada embaixo de árvores, parece mais que as escondem. Será que chá dá tanto dinheiro assim?

– Fique quieto – advertiu Padre Anderson. – Isto é coca!

– Coca de coca-cola?

– Não, coca de cocaína. É uma plantação que faz muito mal.

–Veneno? Credo! – José se benzeu.

– Veneno – repetiu o padre. – Vamos voltar rapidamente e nos esconder. Aqui devem morar bandidos perigosos que certamente não gostam de intrometidos. Você, José, não deve falar a ninguém que viemos aqui nem que vimos a plantação. E você ainda me disse que poderia ser moradia de pessoas boas que ajudariam a igreja!

– Mas também falei que poderiam ser bandidos.

– Como ia imaginar bandidos por aqui neste fim do mundo?

– Fim não, senhor, começo.

– Começo, fim – replicou o padre. –Você sabe onde termina ou começa o mundo?

– Eu não sei. O senhor sabe?

– Hum! – resmungou o padre. – Vamos embora, avisarei a polícia da capital, mas só quando chegar em casa. Para o seu próprio bem, José, fique calado. Senão eu o excomungo.

– Credo! Virgem! Eu não falo, juro pela Virgem Maria.

– Jura mesmo?

– Juro!

Padre Anderson entendeu que se José falasse poderia ser perigoso; os proprietários daquele lugar poderiam matá-lo. Os dois voltaram apressados e o padre não reclamou mais, estava preocupado com a descoberta. Amava os moradores simples da aldeia e sabia do perigo que todos corriam. Traficantes quase sempre são pessoas perigosas.

Assim que os dois chegaram à aldeia, Padre Anderson foi para outra vila celebrar missa, José foi para sua casa e, como prometeu, não falou nada do que descobriram. Os desencarnados do bando acordaram achando que só haviam dado um cochilo sem importância, assim voltaram rápido aos afazeres sem se importar com o ocorrido.

Ambrózio e Cláudia foram à capital para se certificarem do local em que a denúncia do Padre Anderson seria feita com maior segurança. Voltaram logo com todas as informações de que precisávamos.

Aguardamos ansiosos os acontecimentos.

Histórias de amigos

VI

Ficamos no rochedo esperando que Padre Anderson chegasse a sua casa para fazer a denúncia. Conversamos trocando ideias. Com tudo planejado, envolvemo-nos num silêncio acolhedor. Olhei para Gregório que, sentindo-se observado, sorriu para mim de maneira agradável.

– Gregório, por que não nos brinda com sua eloquência atrativa? Conte-nos sua história – convidei-o interessado.

Notando em nós três o interesse, Gregório não se fez de rogado e narrou entusiasmado.

– Sou o terceiro filho de uma família de sete irmãos. Meus pais eram pobres, mas tudo fizeram para que estudássemos. Fizemos com sacrifício, todos, até o antigo primário. Só uma irmã e eu continuamos cursando o antigo ginasial. Sempre fui uma criança doente, de saúde precária, vivia gripado e tinha muitas crises de bronquite e amigdalite. Tomava muitos remédios que me faziam mal e vomitava com frequência. Também estava sempre anêmico. O que mais achava ruim era que, quando doente, não podia brincar com as outras crianças. Entre uma doença e outra passei a infância e a mocidade. Estudei com vontade, gostava de aprender. Com notas muito boas, acabei o antigo ginasial. Uma professora intercedeu por mim e a prefeitura me deu uma bolsa de estudo para o colegial. Na cidade em que morava era um curso pago. Logo que acabei o curso, arrumei um emprego num escritório de engenharia. Dr. Francisco, o engenheiro, queria um auxiliar que tivesse qualidades mínimas para desenhos e boa vontade para aprender. Fiz o teste, consegui o emprego e fiquei muito contente. Sempre gostei de desenhar, admirava obras de arte, principalmente quadros e esculturas; ia às bibliotecas e me encantava com os livros sobre o assunto. Sonhava em poder ser artista, em ter cursos de desenho ou estudos para ser construtor, engenheiro, como o Dr. Francisco. Mas não dispunha de recursos nem financeiros, nem de saúde. Com o meu salário, passei a ajudar em casa, meus pais já envelheciam. Mas era com remédios que gastava quase tudo. Dr. Francisco era boa pessoa, simples e inteligente, tinha paciência em me ensinar e eu aprendia com incrível rapidez. Tornamo-nos bons amigos. Ele me dava roupas boas que não mais usava e minha mãe as reformava. Passei a andar bem-vestido. Dr. Francisco permitia que eu lesse seus livros de estudos e pesquisas e chegava a me explicar o que não entendia. Costumava dizer:

"Gregório, você é um engenheiro nato, só falta estudar."

Três anos passaram tranquilos e foram os melhores que tive nesta encarnação. Dr. Francisco ficou viúvo, ele tinha duas filhas pequenas. Foi um período difícil para ele. Ajudei-o como podia. Estava nessa ocasião com vinte e três anos e nunca namorara. Saía pouco, o sereno me fazia mal e estava sempre tossindo e com o nariz destilando. Só eu e meu irmão caçula estávamos solteiros. Meus pais sempre cuidaram de mim e eu lhes era grato.

Conheci Vitória quando ela foi ao escritório conversar com Dr. Francisco. Era professora de sua filha mais velha. Achei-a encantadora, educada, atenciosa. Começou a frequentar muito o escritório. Senti-me diferente, entusiasmei-me e, quando percebi, já a amava. Um dia, depois de muito ensaiar, confessei meu amor. Ela me olhou séria, suspirou e falou, tentando ser o mais delicada possível:

"Gregório, você é um bom rapaz e o considero meu amigo. Mas já há um tempo que Francisco e eu namoramos. Não percebeu? Planejamos nos casar logo, eu gosto muito dele. É melhor esquecermos essa nossa conversa. Não falarei a ninguém sobre isso, nem a Francisco."

Saiu do escritório me deixando sozinho, segurei-me para não chorar. Sentia-me como um idiota. Achando mesmo que todos enamorados agem como idiotas. Talvez, se saísse de casa mais vezes, teria percebido que namoravam, os teria visto juntos.

Vitória cumpriu o que prometeu, não falou nada a ninguém, mas diminuiu suas idas ao escritório e, quando ia, cumprimentava-me gentilmente, porém não ficava conversando mais comigo como antigamente.

Tudo fiz para esquecê-la, mas não consegui. Resolvi começar a sair para passear, não me esforcei mais para me alimentar direito e não liguei mais para tomar os remédios como antes. Como não era feio, muitas mocinhas se interessaram por mim, aumentei meu círculo de amigos, mas não namorei ninguém. Por estar sempre como se estivesse gripado ou resfriado, escutava muitos comentários sobre o assunto. Um dia, uma garota me disse:

"Gregório, por que você se trata com esse médico já idoso? Por que não procura um bom especialista?"

Comentei no escritório e o Dr. Francisco me deu total apoio, achando que deveria mesmo me tratar. Tirei uns dias de folga, fui a uma cidade grande, marquei uma consulta com um médico de renome, um especialista em pulmão. O facultativo, muito simpático, pediu-me muitos exames em que gastei todas minhas economias, mas recebi o diagnóstico: estava com tuberculose. Naquela época era raro sarar dessa doença. Senti medo, mas fui animado pelo bondoso médico. Tirei licença do emprego e fui para Campos do Jordão. Fiquei numa pensão por quatro meses. Meus pais, irmãos e até o Dr. Francisco me ajudaram nas despesas. Senti-me bem melhor, voltei ao consultório do especialista e novamente aos exames. A melhora foi aparente. Não querendo sacrificar meus familiares, pois todos eram pobres (minha mãe para me ajudar estava fazendo doces para vender), resolvi voltar para minha cidade e continuar o tratamento lá mesmo. Não saí mais para passear, só para trabalhar. Mas como vi que colegas tinham medo do contágio, pedi para fazer meu trabalho em casa. O Dr. Francisco ficou aliviado, assim, minha mãe buscava e levava para mim a tarefa que fazia antes no escritório. Vitória casou-se com Francisco e eu continuei a amá-la. Piorei, sentia-me fraco, magro e abatido. Meses depois, senti-me tão mal, que mamãe me internou no hospital. Dr. Francisco e Vitória sempre iam me visitar. Uma tarde, ela compareceu sozinha e disse, segurando a minha mão:

"Gregório, desculpe-me se o fiz sofrer, não era minha intenção, quero-lhe bem como amigo, mas amo muito Francisco."

"Vitória, seja feliz, gosto muito de vocês dois. Desculpe-me se a perturbei" – respondi com dificuldade.

Dias depois, desencarnei. Adormeci e acordei num outro hospital em uma Colônia. Não fiz grandes obras encarnado, passei pela vida na matéria e nada fiz de bom; mas sofri com paciência e resignação, não fiz nada de mal, por isso mereci ser socorrido. Quis sarar e logo estava bem. Estava cansado de doença, imagine trinta anos doente. Certamente não sofri à toa. No século passado, fui um grande arquiteto e tinha por ajudante Dr. Francisco, que era casado com Vitória. Todos nós tínhamos outros nomes, mas isso não importa. Que é um nome? Um título que passa, tivemos muitos e teremos outros tantos. Eu era rico e importante, planejei e construí grandes obras e muitas prisões, sempre bem fechadas e de difíceis fugas. Dr. Francisco sempre me alertava que as prisões eram muito fechadas, com pouca ventilação e que os presos ficariam doentes. Mas eu não ligava para aquilo, elas eram bem aceitas. Apaixonei-me por Vitória, ela não cedeu ao meu interesse, aguardei. Um dia, Dr. Francisco envolveu-se num crime; numa briga de bar, matou um homem. Poderia tê-lo defendido, mas não quis nem o ajudei. Ele foi para uma das prisões que me ajudou a construir. Vitória, passando muitas dificuldades, acabou sendo minha amante, porém nunca deixou de amar o Dr. Francisco. Quando ele saiu da prisão, estava muito doente, com tuberculose. Cansei de Vitória, deixei-a ir embora com o Dr. Francisco e os ajudei financeiramente, mas ele logo desencarnou. Fiquei doente e sofri ao desencarnar. Após muito sofrer, fui socorrido e anos depois nos reencontramos. Os dois me perdoaram e reencarnamos.

Ainda há necessidade de prisões na Terra, mas estas devem ser planejadas com respeito ao ser humano e devem ser um educandário onde se trabalha e se estuda.

O remorso me fez adoecer, quis e senti que deveria ficar doente, porque muitos adoeceram por minha imprudência, embora não fosse culpado por alguém ter ido para a prisão. Sei agora que poderia ter encarnado e ter feito o bem, ajudado pessoas e não precisava adoecer. Mas não me sentia apto, temia errar novamente, porque sei que muitos planejam trabalhar para o bem e, encarnados, se perdem na ilusão da matéria. Sinto agora ter feito o que fiz no passado, mas não tenho mais remorso destrutivo. Quero me preparar e voltar para reparar meus erros, fazer o bem. Talvez como construtor, para planejar escolas fabulosas e hospitais espetaculares.

Gregório quietou-se e enxugou algumas lágrimas. Percebendo que nós o observávamos, tentou sorrir.

– Desculpem-me, sou um tolo, penso que ainda levarei tempo para não me emocionar com os acontecimentos de minha vida.

– Não, você não é tolo – disse Ambrózio gentil. – Quando reencarnar, com certeza teremos um grande construtor que, além de escolas e hospitais planejará penitenciárias-modelo.

– Por favor, prisões não...

Rimos. Olhei para Cláudia e convidei-a a falar. Depois de uma pausa, saiu da meditação e narrou sua bela história.

–Venho de erros e mais erros nas minhas reencarnações. As plantas estão na natureza para serem úteis. Contudo, sempre há abusos. É como a faca, útil para cortar alimentos, mas muitas vezes usada para ferir e matar. Plantas que são remédios balsâmicos, usados para viciar criaturas levando-as à dependência, à morte física e a muitos sofrimentos. Gosto de pesquisar, há muitos anos, há milênios venho me dedicando à Medicina e sempre interessada em ervas. Numa das minhas encarnações, misturei ervas alucinógenas e testei em prisioneiros com o consentimento do rei. Queria ver os resultados das pesquisas. Vi com terror seu poder de viciar. Senti muito o que fiz com aqueles pobres prisioneiros. Mas não parei de pesquisar em todas as minhas encarnações. Nesta última, quis reencarnar como mulher e trabalhei numa farmácia com meu marido. Conhecimentos adquiridos podem adormecer com o esquecimento de encarnado, mas são nossos. Tinha muita facilidade em preparar remédios e maravilhava-me com as ervas. Tinha duas filhinhas e vivia bem. Para não ficar só eu de mulher na farmácia, contratei uma moça para me ajudar. Ela era interessada e parecia querer aprender. Contente com o interesse, expliquei a ela muito o que sabia.

"Aqui está uma mistura bem venenosa" disse eu a ela. "Este remédio pode matar rapidamente. Testei em ratos e deu certo."

Depois vim a saber que a droga bem simples de preparar, fora eu quem descobrira em uma das minhas encarnações passadas. Um dia, após tomar um refresco oferecido por minha ajudante, desencarnei. Só mais tarde, quando socorrida, vim a saber que fui assassinada. Minha ajudante apaixonou-se pelo meu marido e resolveu me afastar do caminho me matando. Perdoei-lhe, meu marido não soube nem participou do meu assassinato, mas acabou se casando com ela. Preocupei-me com minhas filhas, mas minha sogra as levou para sua casa logo que desencarnei e as criou muito bem. Muitos anos depois, socorri minha ex-ajudante, ela me pediu perdão e eu lhe perdoei. Logo após ser socorrida, interessei-me pelos assuntos que tanto amo: Medicina e ervas. Plantas tão úteis que em mãos de inconsequentes tornam-se tão perigosas e nocivas. Após um treino e muito estudo, resolvi trabalhar ajudando os que abusam delas, das nossas plantas. Este trabalho tem me ajudado muito; educo-me, aprendo e preparo-me para que ao reencarnar, venha a ser uma especialista em ajudar muitos que ainda estão presos nos vícios e abusos.

Cláudia calou-se e pôs fim a sua narrativa. Quietamos por instantes, pensando talvez cada qual na sua vida. Sempre temos objetivos e planos que no decorrer dos tempos podem ser mudados. Mas que bom tê-los! Que felicidade é ver que com esforço, trabalho e perseverança conseguimos tornar realidade nossos sonhos. E como é bom, ao termos feito, realizado estes objetivos, vermo-nos mais ricos em conhecimentos e experiências para realizarmos outros planos e tentarmos alcançar outros objetivos. A vida não para e para nossa alegria temos sempre oportunidades de caminhar, fazer, aprender e planejar...

Conversando com o bando

VII

Voltamos nossa atenção para José e Padre Anderson. O comerciante ficou preocupado com as recomendações do padre, mas resolveu não contar nada a ninguém e esperou os acontecimentos com medo.

Padre Anderson foi celebrar missa em outra localidade e só à noite voltou para casa. Em seu lar, pegou a lista telefônica e se pôs a procurar o telefone da delegacia da capital do estado. Naquela época a ligação telefônica não era tão fácil como atualmente. Tinha que falar com a telefonista e marcar a ligação ou esperar tempo para que fosse completada.

Cláudia, que já tinha ido pesquisar a delegacia que ia receber a informação, nos trouxe a notícia:

– Trabalha nesta delegacia Adalberto, um profissional correto que investiga tóxico pela região. Ele deverá estar na delegacia amanhã após as oito horas.

Vicente ficou ao lado do Padre Anderson, que pegou o telefone e pediu à telefonista a ligação. Com a informação de que levaria horas, Padre Anderson pediu então para que ficasse para o outro dia, após as oito horas. Estava cansado e queria dormir.

Enquanto aguardávamos, fomos ver Jair. Este estava triste, aborrecido, não tinha saído de casa, não foi à missa com a família; sempre dava desculpa e não ia. Estava com vontade de ir embora daquele lugar, a aldeia o chateava. Foi quando vimos Xarote se aproximar, os dois foram para o fundo do quintal e, num tronco de uma árvore, Jair pegou uma garrafa de cachaça e bebeu de um só gole uns quatro dedos do líquido. Depois, escondeu-a novamente e tomaram o rumo da praia. Xarote gostava de Jair, prejudicava-o inconscientemente, por ignorância, pensando mesmo que até o ajudava. E a explicação de Ambrózio sobre esse assunto nos foi de grande valia.

– Todos nós temos que nos esforçar para aprender. Vivemos sem conhecimentos, porém sem estes não seremos tão úteis nem viveremos com o aproveitamento que se poderia ter. Uma pessoa analfabeta vive, mas se sabe ler, vive melhor e, se tem conhecimento, aproveita mais a oportunidade da encarnação. Em todos os setores, seja doméstico, profissional ou social, conhecimentos ajudam muito. E espiritualmente também. Estudar, conhecer a religião que se pratica traz a compreensão desta e consequentemente uma religiosidade maior. Médiuns não fogem à regra. Encontramos médiuns em muitas religiões e, atualmente, no Brasil, muitos destes sensitivos procuram explicações do que sentem nas diversas religiões que usam da mediunidade, para intercâmbio entre desencarnados e encarnados. Infelizmente, em tudo que existe há abusos. Mas muitos, por ignorância, agem como Jair e Xarote, porque a ignorância existe em muitos encarnados e desencarnados. Jair, por desconhecer o que é um intercâmbio sério entre os dois planos, acha que tudo que lhe acontece é normal e Xarote pensa que protege o garoto e o prejudica.

– São culpados? – indagou Gregório a Ambrózio.

– Aquele que não sabe das ordens do Senhor e errou receberá poucos açoites, disse o Mestre Jesus. Mas receberá porque, Gregório, todos nós temos a noção do bem e do mal. Muitos preferem a porta larga da facilidade, estudar e aprender pode ser dificultoso a espíritos ociosos. Muitos, infelizmente, estão agindo como Jair e Xarote, fazendo favores um ao outro sem querer analisar se estão certos ou errados ou se eles se prejudicam mutuamente.

Jair logo voltou sozinho e foi dormir. Cláudia visitou Marcelinho, filho de Euclides, e nos informou o que seus amigos descobriram sobre ele.

– Marcelinho está em perigo. Viciado, já não consegue ficar sem a droga. Começa a vender objetos pessoais como também a revender a droga para amigos. Ele a compra de um traficante que por sua vez é um vendedor de Euclides. Ele está se destruindo com o tóxico que seu pai planta e prepara. Localizamos seu tio Mário; é boa pessoa, professor, casado e com filhos que são bons adolescentes. Mas atravessa um período difícil, ganha pouco e está com a esposa doente. Achamos que mesmo assim, ele pode ajudar Marcelinho.

– Vamos tentar aconselhar Marcelinho, ele nos ouvirá se quiser. Vamos também aproveitar que ele já está com vontade de pedir ajuda ao tio e incentivá-lo a fazer. Muitos são os viciados em tóxico pelo Brasil e pelo mundo. Há os que incentivam ao vício tanto encarnados quanto desencarnados e muitos que têm ajudado na recuperação destes indivíduos nos dois planos: físico e espiritual. Todos que querem ajuda a encontram. Mas somos livres e ouvimos a quem queremos, bons ou maus. Não podemos forçar ninguém. Nossa ajuda a Marcelinho, como a tantos outros em situações semelhantes, é de aconselhar e indicar ajuda; porém cabe ao indivíduo ajudar a si mesmo, primeiramente querendo, depois pedindo e procurando o auxílio necessário.

Padre Anderson acordou cedo no outro dia e voltou a pesquisar no livro de sua estante.

"A planta que vi é coca mesmo!".

Logo depois, às oito horas da manhã a ligação ficou pronta e Adalberto, incentivado por Cláudia, atendeu o telefone. Padre Anderson se identificou, porém pediu para ficar anônimo. Explicou detalhando ao policial sua descoberta. O policial agradeceu e o Padre Anderson suspirou aliviado ao desligar.

O policial Adalberto anotou detalhes, pesquisou no mapa e resolveu investigar com outros dois policiais de sua confiança. Iriam à noite na região, de lancha, e sem serem vistos comprovariam se era verdadeira a denúncia.

– Não será perigosa esta investigação? – indagou Gregório.

Ambrózio respondeu amável como sempre:

– Creio que não. São homens treinados, vão armados e com rádio, e a qualquer perigo chamarão por reforço. Sabem do perigo e serão cautelosos.

Enquanto esperávamos o anoitecer, fomos ao Posto de Socorro onde ajudamos seus trabalhadores em suas inúmeras tarefas.

Eram vinte horas quando nos dirigimos à gruta. No rochedo, Ambrózio esclareceu Gregório:

– Gregório, vamos entrar na gruta e conversar com o bando. Vamos nos tornar visíveis a eles. Não temendo e confiando, eles não poderão fazer nada conosco. Convido-o a ir também.

–Vou sim, confio em vocês e sei que o que escutarei será de grande proveito para mim. Gostaria de saber por que muitos do bando têm nomes tão estranhos.

– São apelidos. Não são todos os desencarnados, vivendo por um período na maldade, que agem assim. Achando que os nomes exóticos os fazem mais importantes, adotam apelidos que podem parecer estranhos ou engraçados, porém diferentes. Normalmente tiveram na última encarnação nomes comuns e como não querem parecer vulgares, inventam apelidos.

Entramos na gruta. Ambrózio virou o crânio chamando pelo grupo desencarnado. Vieram dez deles. Ambrózio falou:

– Senhores e senhoras, temos muito que conversar. Por favor, que um de vocês chame todo o grupo.

– O chefe não vai gostar da invasão – disse um deles. – É melhor vocês saírem daqui.

– Se invadimos, é melhor você ir chamá-lo, porque não vamos sair daqui e vocês não poderão nos tirar.

Fizeram uma rodinha e cochicharam, concluindo que era melhor chamar todos. Três deles saíram e os outros ficaram nos observando.

Essa conversa tinha duas finalidades. Como Ambrózio já falara a Gregório, iam todos do bando ter a oportunidade de mudar a forma de viver. A conversa seria naquele horário para que todos ali reunidos não vissem os policiais pela redondeza. Esperamos por quarenta e cinco minutos e aí eles foram chegando. Conhecíamos todos, já os víramos na festa e de guardas pela redondeza. O chefe louro foi também e ficou quieto no meio deles. Entraram com muitas armas com as quais pensavam impor respeito.

Estávamos Ambrózio, Cláudia, Gregório e eu tranquilos, em pé e quietos. Quando todos chegaram, Ambrózio falou:

– Peço-lhes licença para estar aqui entre vocês.

– Veio à nossa gruta sem licença – retrucou Xampay.

– Sua? De vocês? – indagou Ambrózio. – O que realmente nos pertence? Não, meu amigo, vocês usam este lugar, mas ele lhes pertence?

– Xi, vai nos dizer que pertence a Deus – riu Xampay.

– E você contesta este fato? – perguntou calmamente Ambrózio. – Se contesta, diga-nos o porquê.

– Ora, fale logo por que veio – falou Xampay raivoso. – Querem droga? – Mudou o tom de voz para irônico. – Podemos repartir, tem para todos.

– Não, não queremos tóxico. Viemos para conversar. Esta organização deve ser desmanchada. Os encarnados devem ser descobertos.[10]

O chefe louro deu o primeiro sinal de insatisfação. Olhou-nos furioso, mas nada falou. Xampay continuou a falar:

– Permaneceremos unidos. E vocês não podem interferir na nossa maneira de viver. Se Deus permite, por que vocês não?

– Tudo nos é permitido – continuou Ambrózio – mas nem tudo nos convém. Viemos conversar e não interferir. Todos nossos atos a nós pertencem e teremos um dia de sentir as consequências boas ou más advindas deles. Quem faz o mal, a si o faz. Por que se gabam de serem livres se são escravos de seus vícios e procedem como empregados a obedecer chefes?

– Claro que somos livres! – repetiram juntos alguns deles.

– Não, meus amigos – replicou Ambrózio. – Ninguém é livre quando se afunda num mar de lama. Ninguém é feliz e livre distanciado do Pai, infelicitando o próximo e vivendo em erros. Vocês sabem que terão a reação de cada ação errada. Temos sempre a oportunidade da reparação pelo amor, mas

---

10 Particularmente, agimos como narro a estes irmãos no erro, sejam encarnados ou desencarnados. Mas, cada caso é um fato diferente e nem sempre há desencarnados trabalhadores do bem envolvidos em tramas assim (NAE).

sabem também que a dor, quando se recusa a oportunidade do bem, vem para ensinar. Vivem com esta expectativa e com medo um do outro. O filho que se afasta do Pai só pode ser infeliz.

Cochicharam, muitos queriam sair, outros, até nos atacar, porém o chefe e seus principais colaboradores sabiam que, se nós quiséssemos, eles não iriam conseguir sair dali; resolveram ficar e continuar a conversa. Enquanto cochichavam, ficamos em silêncio aguardando. Quando aquietaram, Ambrózio falou:

– Aqui estamos não para competir forças e sim para alertá-los que existe outra forma de viver. Somos desencarnados como vocês, somente nos diferenciando por tentar seguir o bem. Temos o mesmo caminho a percorrer. Nós estamos caminhando para o progresso e vocês pararam. A lei do progresso é para todos. Temos que ir em frente ou pelo amor ou pela dor. Têm permissão para parar, mas quanto durará esta parada? Nós os convidamos neste momento a caminhar. Estamos aqui oferecendo ajuda para uma mudança de vida, para que sigam com compreensão e amor. Nossos erros estão em nós e não conseguimos fugir de nossas ações. Pensem sinceramente e analisem. São felizes? Ninguém é venturoso separado do Criador. Só seguindo o bem é que teremos a paz que nos levará a sermos felizes. Não estamos interferindo na vida de vocês nem queremos obrigá-los a mudar. Mas os convidamos para uma nova forma de viver. Para a mudança ser duradoura é necessário que tenha como nascimento a compreensão da alma e a visão das consequências das próprias ações. Aqui viemos a pedido de uma pessoa que, preocupada com os erros de um ente querido, porque está ciente das consequências dolorosas que certamente surgirão destas atitudes, pediu auxílio ao Alto. Viemos em nome do amor impedir que continue a seguir no erro. Mas, como todo bem não é circunscrito a um indivíduo, queremos que atinja todos vocês, estando aí a razão do convite que lhes fazemos. Vocês têm a liberdade de ser como são, só que, continuando assim, serão cada vez mais insatisfeitos e temerão cada vez mais o retorno de suas ações. Queremos que pelo menos agora sejam sinceros consigo mesmos. Vocês têm agido com incoerência e com estupidez. Pensam no futuro? Um dia este futuro será presente. E como será a vida de vocês? Nós não somos santos, falamos como companheiros que também tropeçaram no caminho percorrido. Nós os convidamos não como superiores, mas como alguém que anseia que outros tenham a mesma paz que desfrutamos.

Fez-se silêncio por alguns segundos. Um deles levantou a mão e falou alto:

– Posso fazer algumas perguntas?

– Sim, pode – respondeu Ambrózio.

– Se formos com vocês, seremos obrigados a reencarnar?

– Todos nós devemos voltar para continuar nossa educação. Mas caberá a você decidir a época; será aconselhado a estudar, a trabalhar sendo útil, a preparar-se para voltar a usar a vestimenta carnal.

– Para onde querem nos levar seremos livres? – indagou um outro.

– Sim, serão livres. Nos Postos de Socorro, nas Colônias onde moramos não há escravos – esclareceu Ambrózio com gentileza. – Terão liberdade, mas dentro do nosso padrão, temos ordem e disciplina a serem seguidas. Liberdade consiste em não interferir na liberdade de outrem. Levaremos vocês para uma escola, onde farão um estudo básico. Neste período, não poderão sair, após tê-lo concluído poderão escolher o caminho a seguir.[11]

– Terei outro chefe? – indagou uma moça.

– Não temos chefes. Terão instrutores amigos que os tratarão como irmãos, não se têm castigos nem serão obrigados a nada.

---

11 Como são desencarnados, sem educação, sem bons modos e rebeldes, são conduzidos a escolas especiais de recuperação que existem dentro de algumas Colônias, onde ficam sem poder sair, porque ainda, infelizmente, não têm condições para viver livres pelas Colônias ou Casas de Auxílio nos Planos Espirituais. Após o aprendizado, podem ser moradores destes lugares de ordem e tranquilidade. Como não estão doentes, não podem ser conduzidos a hospitais. Estão ativos, querem atividades e essas escolas oferecem um curso especializado a eles, com muito proveito (NAE).

– Pelo que sei, para onde nos levarão os que ficaram não poderão nos buscar. Mas, quando encarnarmos, aí poderão se vingar.

– Colheremos o que plantamos. Não estarão isentos desses ataques. Entretanto, o tempo passa, teremos outros afazeres e esses que vocês temem também terão. Depois, podem até reencarnar em outros países.

Ambrózio respondia gentilmente, só um grupinho perguntava, os outros ficavam quietos. A força moral impõe respeito; se fossem desencarnados sem preparo e conhecimento a falar com eles, seria outra a reação, iriam gritar, vaiar e debochar. Mas sentiam-nos mais fortes e escutavam, embora sorrisos cínicos bailassem-nos lábios de muitos. O chefe justificou que ficou curioso, por isso nos escutou. Eram curiosos, mas sentiam, sabiam que escutavam verdades.

– Lá só rezam? – voltou a inquirir a moça.

– Agora não estamos orando e somos habitantes de Colônias. Rendemos graças ao Criador, porque isso nos faz bem. Temos lazer, estudamos e trabalhamos.

– Senhor, eu sou viciado, aguentarei ficar sem a droga? – quis saber um outro.

– Temos tratamentos especiais. Você poderá se internar em um dos nossos hospitais e recuperar-se. Um dia terá que enfrentar seu vício e, com nossa ajuda, vencerá.

Xampay, que escutava quieto, resolveu perguntar e o fez ironicamente:

– Quem foi o imbecil que pediu ajuda a vocês?

– Que importa isso? Aqui estamos em nome de Jesus, irmãos ajudando outros.

O moço que fizera perguntas deu uns passos à frente e argumentou:

– Quando encarnado, fui religioso, e olhe como fiquei desencarnado.

Ambrózio o olhou com carinho e respondeu. A voz do nosso amigo era clara e agradável e pronunciava as palavras com tanto carisma que todos prestavam atenção.

– Religiões são muitas, deveriam todas ser setas no caminho do progresso espiritual da humanidade. Entretanto, muito tem o homem errado em nome das religiões. Ninguém que siga com sinceridade os ensinamentos de Jesus se perderá na ilusão. Religiões, amigo, foram e são criadas ao sabor da interpretação de alguns líderes que poderiam até caracterizá-las como seitas e não como religiões. Seus administradores na maioria não são idôneos para interpretar ou instruir o espírito da letra. São homens ainda escravos do condicionamento que construíram através da caminhada da humanidade. Jesus deixou suas parábolas não explicadas. Precisamos estudar, meditar e nos esforçar muito para compreender o sentido Espiritual de cada uma. Como muitos ainda não têm a compreensão verdadeira, interpretam à sua maneira ou ao sabor dos seus desejos e conquistas, sejam elas materiais ou espirituais. Você foi religioso, cultivou as exigências rituais para conquistar direitos espirituais. Você foi avarento espiritual, o verdadeiro discípulo serve por compreensão e não para receber prêmios do seu mestre. Por isso o convido para conviver com algumas pessoas que estão acima de prêmios e castigos e que descobriram a liberdade e o prazer de servir por compreensão, que é o sinônimo de amor. Amor não é sinônimo de paixão nem de conquista.

Todos quietaram e Ambrózio deu por encerrada a reunião. O chefe louro foi o primeiro a sair e foi seguido por todos ou quase todos. Ali ficaram oito dos desencarnados. Todos de cabeça baixa; o moço que muito perguntou pediu:

– Senhor, queremos que nos leve daqui.

Gregório conseguiu ficar quieto, o tempo todo observando tudo. Não se conteve após a saída do bando e se dirigiu a Ambrózio:

– Por que não forçar todos a mudar de vida?

– Forçar todos a mudar de vida seria a destruição do livre-arbítrio. Ninguém seria culpado de seus erros, como também não se poderia dizer feliz por ter acertado. Os animais não são culpados por terem feito algumas agressões nem agraciados por terem amor à sua prole ou bando. O homem recebeu de Deus a capacidade de arquivar suas experiências. Está entre dois extremos, o bem e o mal. Conhecendo estas duas forças, ele é livre para seguir o caminho que quiser. Jesus nos disse que o mal sempre teremos e que esse sentimento nocivo há de existir, mas ai daquele que assim age com maldade. Quem é o prejudicado por cometê-lo? Ele vem em prejuízo de quem? De quem o pratica certamente. E quem o pratica? O homem. Portanto, bem e mal estão circunscritos a um estado de vida do ser humano. Nós temos a liberdade de construir um ou outro para nós mesmos.

– Não vão tirar provcito de nada do que ouviram? – perguntou novamente Gregório atônito.

– Ficará na mente de vocês, gravado, o que se passou aqui – continuou Ambrózio esclarecendo. – Foi uma semente jogada. Esperemos que esta sementinha venha um dia brotar, levando-os a querer mudar e buscar socorro.

– Xarote não ficou – frisou Cláudia.

– Por enquanto necessitamos de Xarote perto de Jair. Mais tarde falaremos com ele em particular.

Ambrózio reuniu os oito que ficaram, fizemos um círculo e nosso companheiro orou por eles.

– Pai Misericordioso, escutai nossas vozes. Abençoai-nos nesta hora, iluminando nossa mente, levando-nos a despertar para o amor. Fazei que tomemos o caminho certo para que possamos, Pai, chamar por Vossa ajuda sem nos envergonharmos.

Nossos erros são muitos, mas Vosso Amor é maior. Perdoai-nos, Pai, e dai-nos forças para nos render ao Vosso Amor eterno.

Uma senhora ficara a chorar sentida. Íamos transportá-los para a Escola de Regeneração da Colônia onde trabalhávamos no momento, quando ela se ajoelhou na frente de Ambrózio e pediu comovida:

– Por favor, senhor, deixe-me falar. Necessito dizer a vocês algo sobre mim. Preciso! Deixe-me falar, por favor!

A senhora do solar

VIII

Ambrózio pegou na mão da senhora e a fez sentar, todos nós sentamos em círculo. Nosso companheiro sorriu e lhe falou bondosamente:

– Filha, lágrimas sinceras nos lavam. Se necessita tanto assim falar, faça-o, escutaremos com atenção.

Por instantes só se ouvia o choro dela. Aos poucos, ela foi se acalmando e se pôs a falar:

– Chamo Maria Socorro, sou a senhora do solar, ou melhor, fui por uns tempos. O solar nem mais existe, é agora uma ruína. Fui casada na minha última encarnação com o senhor do solar. O proprietário de uma casa muito linda, numa cidadezinha próspera, que se desenvolvia com rapidez. Meu marido Alan era um comerciante hábil e seus negócios eram seguros e rentáveis. Vivíamos felizes, eu era bonita e tudo fazia para agradar meu esposo. Tivemos um casal de filhos. Minha filha tinha oito anos e meu filho ia fazer seis anos, quando ocorreu uma desgraça. Meu filho foi com Alan verificar uma mercadoria que havia chegado ao porto em um navio e aconteceu um acidente. Uma carga caiu em cima do menino e ele desencarnou na hora. Choramos muito. Culpei meu marido inconscientemente pelo desenlace do menino. Acompanhava-os na ocasião Lisbela, a babá do garoto. Ela me pareceu sofrer muito com o ocorrido. A babá nos contou que o menino saiu de perto dela à procura do pai e a carga lhe caiu em cima.

Fiquei muito triste, mas, como toda dor o tempo suaviza, pensamos em ter outros filhos. Engravidei, o parto complicou e desencarnamos, a criança e eu.

Fui socorrida, mas não fiquei no local onde fui abrigada. Achei que era necessária ao lar e voltei. Amava demasiadamente aquela casa, que foi construída como eu queria; decorei-a com carinho. Ali era meu lar e ali ficaria. Mas logo vi a diferença, já não era mais a senhora. Meu esposo sentiu meu desencarne, porém não tanto como eu queria que sentisse. Só minha filhinha sentia sinceramente minha falta. Nem os empregados sentiram meu desencarne, então entendi, eles me achavam grosseira e exigente. Levei um choque quando vi que Alan encontrava com Lisbela, eram amantes. Lisbela era atraente e interesseira, odiei-a com todas as minhas forças. Ela era viúva e tinha dois filhos um pouco mais velhos que minha filha, que completara onze anos. A intenção de Alan era tê-la só como amante, mas acabou apaixonado por ela e criava seus dois filhos quase como se fossem dele.

Revoltei-me. Cheguei à conclusão que os dois, no dia do acidente em que meu filho desencarnou, descuidaram dele para ter um encontro amoroso. Mais tarde, anos depois. vim a saber que tinha sido isso mesmo. Os dois foram para uma casa perto do porto e deixaram o menino com um empregado. Ele saiu à procura do pai indo para um local perigoso e aconteceu o acidente. Erraram, mas não intecionalmente.

Quis interferir na relação deles, no entanto, vi-me impotente. Gritava pela casa:

"Odeio-os! Odeio-os!"

Um dia, tive duas surpresas. Alan decidiu se casar com Lisbela, que estava grávida. Isso me fez desesperar. A outra surpresa foi que, andando alucinada pelo solar, de repente vi minha filhinha, ela veio encontrar comigo. Abraçamo-nos fortemente. Então percebi que o corpo dela dormia, ela saiu em perispírito e veio ter comigo. Minha filha Helena até então estava conformada com a situação, sentia minha falta, mas gostava de Lisbela, que a tratava bem, como também se afeiçoara aos dois filhos dela, que eram seus companheiros de estudos e brincadeiras.

Falei a Helena do meu ódio. Contei-lhe do meu modo os acontecimentos.

"Helena, você não pode permitir o casamento de seu pai com essa assassina. Os dois mataram seu irmão, me traíram. Você tem que odiá-los."

Helena ficou inquieta, voltou ao corpo e acordou indisposta. Preocupada, fiquei ao seu lado, começando assim um processo de obsessão. Obsidiei minha filhinha. Perto dela sentia-me melhor, passei a vampirizá-la, a lhe roubar energias e ela começou a sentir meus fluidos nocivos de ódio e angústia. Helena mudou, pediu ao pai que não se casasse com Lisbela; Alan estranhou o pedido e a repreendeu dizendo coisas grosseiras, que ia se casar e não ia atender um pedido bobo de menina caprichosa.

Alan casou-se e eu, com mais ódio, passei a ficar mais com Helena. Ela tinha que se vingar deles para mim. Helena mudou, tornou-se triste, angustiada e doente. Alan preocupou-se muito com a filha como também Lisbela, que teve um filho. O rancor de Helena era conhecido por todos os amigos e parentes, que também não aceitaram muito o segundo casamento de Alan com uma simples empregada doméstica.

Helena queria que o pai se separasse de Lisbela, se ele não fizesse isso, ela prometeu não falar mais com ele. Alan sofria, gostava de Lisbela e temia perder a filha. Lembrava muito da desencarnação do filho por quem muito sofreu, como também ao seu modo sofreu com a minha desencarnação. Não queria separar-se da esposa e sofria por ver a filha naquele estado.

Mas acabei por perder o controle sobre Helena. Ela se envolveu tanto com meu ódio que passou a odiá-los. Planejou uma grande vingança. No começo não entendi bem seus planos, só fiquei sabendo quando tudo estava pronto e não pude evitar.

Naquela ocasião, Lisbela estava grávida novamente e Helena tinha quase dezesseis anos. Alan e Lisbela estavam com ideia de casá-la para ver se tudo melhorava. Ela pareceu aceitar a ideia, disse que o pai podia dar uma festa para que conhecesse o pretendente à sua mão. Exigiu que a festa fosse organizada por ela e na ocasião faria as pazes com o pai e a madrasta. Aceitando as exigências, Helena convidou todas as pessoas importantes da cidade, os parentes e amigos do pai. Contratou mais empregados, organizou tudo para sair perfeito. Alan sentiu-se melhor, achou que os problemas em relação à filha haviam acabado.

Mas Helena preparava outra coisa. No subúrbio da cidade morava uma senhora, já bem idosa, que todos chamavam de doida e bruxa. Ela era desprezada na cidade. Quando Helena era pequena, ela e os filhos de Lisbela gostavam de ir brincar perto da casa dessa senhora e descobriram que ela fazia um veneno que matava rapidamente. Um dia, as crianças viram essa senhora dar veneno para um gato e ele morrer em seguida. Minha filha procurou-a e pediu uma dose do veneno. Disse que era para dar ao seu cavalo, que sofria por ter fraturado a perna. Explicou que queria que o animal morresse tranquilo como o gato. Por um preço razoável, a senhora lhe deu o veneno. Entendi, então, a intenção da minha filha e me desesperei piorando a situação.

Helena era querida pelos empregados, principalmente pelos mais velhos, que a viram nascer. Enganou a velha cozinheira, que era uma senhora boa e que gostava muito dela. Ainda sinto gelar por dentro quando lembro o que ela propôs:

"Prepare uma travessa bem grande, mande fazer uma que eu caiba. Quero ficar dentro dela, linda e maravilhosa. Quando papai abrir a tampa eu saio de dentro e o abraço. Mas é surpresa e você tem que me prometer que não falará a ninguém."

"Eu prometo! Mas estranho sua surpresa. Não vai estragar sua roupa?"

"Claro que não. Vai ser uma surpresa e tanto!"

O dia da festa chegou. Tudo arrumado. A travessa foi colocada no meio da mesa que era comprida. Helena exigiu muitas flores e o salão ficou lindo. Como combinado, Alan e Lisbela só desceriam para a festa quando lhes fosse ordenado. Helena usou um vestido branco, lindo e bordado. Vendo que tudo estava como planejara, mandou que saíssem os empregados do salão ficando só com a cozinheira, que a ajudou a se deitar na travessa. Era uma peça bonita com a tampa toda trabalhada. Como foi recomendado, a cozinheira foi dar a ordem para que avisassem os patrões para descerem ao salão.

Helena, assim que percebeu que a cozinheira saira da sala, abriu um pouquinho a tampa e tomou o veneno, mas para garantir que iria morrer de fato e para parecer mais terrível a cena que preparara, pegou um punhal que era do seu pai e se cortou. Foi cortando-se como conseguia, pulsos, garganta e o peito; eram cortes superficiais mas que sangravam muito. Só parou quando se sentiu mal e a visão foi enfraquecendo. Deixou o punhal sobre o peito e puxou a tampa ficando quieta. Fez ainda uma expressão de horror para parecer mais macabro. Mas nem necessitava, a desencarnação para ela foi um verdadeiro horror.

Oh, meu Deus! Que terrível foi vê-la assim. Fiquei desesperada ali no salão. Helena desencarnou logo após, o veneno era eficaz. Seu corpo morreu, mas não seu espírito. Ela ficou ali, junto ao corpo, sentindo o veneno lhe corroer como fogo, e os cortes doerem profundamente.

Alan e Lisbela desceram. O salão ficava na parte térrea, o solar era um sobrado. Ficaram encantados com os arranjos, com a decoração da festa e com a expectativa de fazer as pazes com Helena.

Os convidados chegaram ao mesmo tempo em que os pais receberam o recado para descerem para a festa. Helena mandou também dizer que fora trocar de roupa e que desceria logo para o salão. Todos os que foram convidados ansiavam pelo início da festa. Mas Helena demorava e o pai mandou os empregados irem atrás dela, não a encontrando. A cozinheira, inocentemente, mandou dizer a Alan que abrisse a travessa grande do centro da mesa, pois Helena ali se escondera para fazer uma surpresa. Alan estranhou, pressentiu uma desgraça. Aflito, abriu a travessa. Gritos pelo salão. Lá estava minha filha, minha filhinha morta com muito sangue pela roupa, com os olhos arregalados de terror. Para mim era pior, não só via seu corpo, como também seu eu verdadeiro, seu espírito junto ao corpo desfalecido. Tentei tirá-la, desligá-la do seu corpo morto, mas não consegui.

Lisbela desmaiou e Alan sofreu demasiadamente. Foi uma tristeza. Uma festa macabra.

Helena ficou unida ao seu corpo físico, foi enterrada e se viu devorada por vermes.[12]

Fiquei ao lado dela; sofria, mas ela sofria muito mais. Depois de muito tempo de grandes dores e agonias, consegui tirá-la do cemitério e a levei para o solar. Já tinha nascido o outro filho de Lisbela. Alan e sua segunda esposa não eram felizes, estavam tristes e deprimidos. Cuidei de Helena como podia. Ela ficava muito no seu antigo quarto, que após sua desencarnação foi fechado. Sofria muito, tinha fortes dores e a cena que planejou com tantos detalhes não lhe saía da mente, levando-a ao desespero. No período em que estive perto dela no cemitério, esqueci dos dois, da minha vingança. Ao voltar ao solar, meu ódio voltou com mais furor. Eles eram culpados. Lisbela teve outro filho, mas os dois do seu primeiro casamento foram para

---

12 Aquele que mata seu corpo fisco acarreta muitas dores. Porém, na Espiritualidade, não há regra geral. Tudo é analisado com muita justiça. Mesmo obsediada, Helena teve o livre-arbítrio para fazer o que fez. O remorso e o arrependimento fazem com que suicidas sejam socorridos. Devemos sempre com carinho orar por pessoas imprudentes que cometeram este ato, levando-as a se arrependerem e serem socorridas. E familiares de pessoas que se suicidaram não devem se afligir. Devem pensar nelas com amor, perdoar-lhes e pedir para elas o socorro necessário. Deus é Pai Amoroso e nos atende sempre. E as pessoas que têm ideias suicidas que lutem contra elas, porque não vale a pena cometer este ato (NAE).

a guerra e desencarnaram. Foi mais uma perda e eles sofreram muito.

Um dia vieram socorrer Helena. Explicaram-me que ela se arrependera e pedira ajuda a Nossa Senhora e que eles, trabalhadores do bem, levariam-na para ser auxiliada. Convidaram-me para ir junto, recusei.

Fiquei no solar. Alan desencarnou e logo depois foi Lisbela. Nós três trocamos injúrias. Eu os acusei e os dois a mim. Helena veio ao nosso encontro, nos reuniu e falou:

"Amo vocês. Errei muito. Sofri. Não se pode matar o corpo que Deus nos deu como fiz. Pedi perdão, fui perdoada e perdoei. Quero que vocês entendam que erraram, peçam perdão um ao outro e a Deus e venham comigo, necessitamos continuar nossa caminhada."

Alan e Lisbela concordaram, mas eu não. Achei que não fizera nada de errado e não ia pedir perdão nem perdoar.

"Mamãe", disse Helena, "desencarnei de modo terrível, sofri muito, a senhora foi testemunha do meu sofrimento. Lembro-lhe que antes de a senhora voltar ao solar como desencarnada, eu era quase feliz, tinha até aceitado o casamento do meu pai. Foi sua obsessão que nos levou a tantos acontecimentos ruins".

"Filha ingrata!" – gritei. – "Está me jogando na cara a ajuda que me deu? O que fez não passou de sua obrigação. Foi tola em se suicidar, deveria ter matado a impostora. Agora a odeio também!"

Os três foram embora. Fui vagar pelo Umbral. Mas não os esqueci, fiquei a vigiar se reencarnariam. Alan e Lisbela voltaram à matéria e me pus a vigiá-los. Corretos e bons, seguiram a infância e adolescência, tendo outros nomes, naturalmente. Mocinho ainda, ele engravidou uma namoradinha e Helena ia reencarnar. Revoltei-me, percebi os planos dela. O casamento ou a união de seus pais não ia durar, não se amavam e nada tinham em comum. Quando se separassem, ela ficaria com o pai, que mais tarde conheceria Lisbela e esta a criaria como se fosse sua mãe. Gritei tanto para ele não se casar, que a fizesse abortar, e para a mocinha que fizesse o aborto e ela me obedeceu. Adorei ter desfeito os planos deles. Sei que todos, encarnados e desencarnados, temos nossa liberdade; que sempre recebemos muitos conselhos e opiniões boas ou más, e que atendemos a quem queremos.

Helena, meses depois veio falar comigo. Não lhe dei atenção. Na tentativa de me chamar à realidade me disse:

"Mamãe, necessito reencarnar para esquecer meu passado delituoso. Fui abortada, sei de sua interferência, eles foram livres para escutá-la, e o que ocorreu me foi uma lição necessária. Matei meu corpo perfeito. Agora, cheia de planos, voltei e eles foram interrompidos para que pudesse aprender a dar mais valor à vida. Meus pais erraram e responderam por isso. Tentarei novamente, talvez meus planos fracassem novamente, mas tentarei até dar certo. E, agora, Lisbela não será mais minha madrasta, mas mãe."

O fato ocorreu. Alan conheceu Lisbela e o amor retornou agora sem culpa, esqueceram o passado pela reencarnação. Eram pessoas boas e esforçadas. Estavam namorando quando ela ficou grávida, alegraram-se. Eu nada fiz desta vez. Mas a gravidez, por um fato físico, não deu certo e Helena foi abortada. Os dois, Alan e Lisbela, sentiram a perda e choraram. Helena sentiu-se então querida e fortalecida para voltar depois de algum tempo, e desta vez daria certo, com certeza.

Helena promoveu um encontro comigo, com Alan e Lisbela. Os dois desligados, enquanto o corpo carnal deles dormia. Lisbela me disse:

"Maria Socorro, me dói vê-la assim tão sofrida. Esqueçamos tanto sofrimento, venha também recomeçar. Venha ser minha filha."

Fiquei quieta nesse encontro. Saí e os deixei. Voltei ao Umbral. Tenho andado neste tempo todo de um lugar a outro no Umbral. Faz uns dois anos que estou com este bando, mas sempre com a atenção voltada para os três. Tenho andado cansada, sinto que oram por mim, os três, principalmente Helena. Como também tenho pensado que fui eu a culpada de minha filha ter sofrido tanto. Hoje, aqui nesta gruta, escutando-o, me comovi. Quero mudar, quero socorro! Mas fui, sou tão má! Como ser perdoada?

Maria Socorro calou-se, encolheu-se toda. Estávamos quietos a escutá-la. Ambrózio levantou-se, aproximou-se dela e a abraçou. Maria Socorro aconchegou-se nos seus braços como uma criança necessitada de carinho e amor. Nosso companheiro falou a ela:

– Minha filha, somos todos perdoados quando pedimos perdão com sinceridade. Quem não errou? Ninguém a condenará. Lembro-a da passagem do Evangelho quando levaram uma mulher pecadora a Jesus e ninguém estava isento de pecados para apedrejá-la. Jesus lhe perdoou e recomendou que não voltasse a pecar. Somos sempre perdoados quando perdoamos, somos sempre ajudados quando queremos acertar. Venha conosco, muito vai aprender. Você odiou muito, perdeu tempo envolvida em rancor e sofreu. Venha aprender a amar, a conhecer este sentimento mais forte que o ódio e que traz inúmeras alegrias e a paz sonhada.

Maria Socorro soluçou, tentou sorrir e disse comovida:

– Obrigada!

Nós os levamos à Colônia. A história da senhora do solar me emocionou. Ah, como se perde tempo odiando. Como fazemos mal a nós mesmos, quando nos deixamos dominar por este sentimento. Como tudo fica mais fácil quando aprendemos a perdoar e a Amar. Mas Amar de forma certa, sem egoísmo, querendo o bem total do ser amado. Maria Socorro amou a filha, mas seu ódio foi mais forte. De maneira incorreta amou Helena. Exigiu que se vingasse por ela. A garota não suportou o conflito. Mesmo vendo o sofrimento da filha, Maria Socorro não compreendeu seu erro, culpou outros, porque sempre é mais fácil culpar os outros isentando-se dos próprios erros. Realmente, tudo que Maria Socorro narrou aconteceu, ela não mentiu, bem como também os envolvidos nesta trama não tinham religião a não ser socialmente; não tinham o hábito sincero de orar, piorando toda a situação. Se fossem religiosos sinceros, pessoas caridosas e bondosas, certamente nada disso teria acontecido. Odiar é muito triste; infelicita primeiro quem odeia, gera muitos sofrimentos e acaba por cansar. Quando se aprende a Amar da maneira correta, se é feliz e se pode fazer a felicidade de muitos.

Depois dessa história, fomos ver como estava sendo a excursão de Adalberto. Na delegacia, ele preparava uma diligência ao amanhecer. Iriam muitos policiais. A intenção era prender todos os envolvidos. Passamos sem sermos notados na Casa Verde. O bando lá estava, atento, sem desconfiar de nada, não viram os policiais. Aguardavam os acontecimentos ou alguma novidade.

Fomos ver Jair. Ambrózio nos propôs:

– Necessitamos fazer com que Jair não vá amanhã à Casa Verde. Se estiver lá, será preso. Como menor não vai para a prisão, mas talvez para uma instituição de menores que poderá prejudicá-lo ainda mais, porque no momento ele teria que aprender a lidar com sua mediunidade.

– Por ser pobre, podem ocorrer fatos desagradáveis – comentou Gregório. – Para os encarnados que têm dinheiro, ficar na prisão é mais fácil.

Concordamos, infelizmente, com nosso companheiro. Jair, pobre e sem instrução, corria o risco de ser preso se o encontrassem na casa. Ambrózio colocou um remédio numa caneca com água que estava ao lado da cama de Jair. Era um remédio que limparia seu aparelho digestivo, desintoxicando-o, mas isso lhe provocaria uma razoável dor de barriga. Ambrózio lhe deu um passe. Jair mexeu-se inquieto no leito, logo acordou e tomou a água toda da caneca. De madrugada, Jair acordou para ir ao banheiro e foi muitas outras vezes, sentindo dores na barriga. Xarote foi ver o garoto, não viu nada errado, mas saiu em busca de ajuda. Logo voltou acompanhado por um outro desencarnado; entendemos que era um médico. Quando encarnado, este espírito teve a profissão de médico; ao desencarnar, por afinidade, foi para o Umbral e passou a trabalhar na cidade Umbralina. Usava de seus conhecimentos servindo ao bando. Infelizmente, este é um acontecimento normal no Umbral. Desencarnados imprudentes com conhecimentos e instruções vão para o Umbral e lá servem ao mal. Este "servir", trabalho que lhe é atribuído, não é só por maldade, embora normalmente as façam e muito. Como vimos ali, na casa simples de Sara, ele foi a mando de Xarote tentar ajudar Jair. O médico desencarnado examinou o menino sob o olhar atento de Xarote. Após um exame detalhado, disse ao outro:

– Ele deve ter comido algo que lhe fez mal. Não precisa se preocupar, é só uma simples dor de barriga, uma diarreia sem consequência. Porém, o menino está anêmico, necessita de uma alimentação sadia.

– Pode ir agora, fique atento, se ele piorar, volto a chamá-lo.

Despediram-se e o médico desencarnado partiu. Jair também melhorou, mas Sara, preocupada com a saúde do filho, recomendou:

– Jair, você nunca faltou ao trabalho, mas hoje não deve ir. Fique em casa descansando.

Xarote também concordou. Todos da família saíram e Jair voltou a dormir.

Agora teríamos que aguardar os acontecimentos. Ficamos, Gregório e eu, no rochedo, enquanto Ambrózio e Cláudia foram para a Casa Verde. Íamos esperar a polícia chegar. Sentamos numa das pedras do rochedo e Gregório me perguntou:

– Antônio Carlos, se analisarmos, quase todos os encarnados necessitam de ajuda. Por que você e Ambrózio estão aqui ajudando Jair?

– Muitos encarnados e inúmeros desencarnados estão necessitando de ajuda realmente. Estamos aqui tentando resolver este problema, mas não há como solucionar todas as dificuldades do ser humano, em decorrência do livre-arbítrio. Atendemos ou tentamos ajudar quando é feito um pedido sincero, quando solicitam o bem, ou seja, quando quem faz o pedido está apto a receber a ajuda. Sara, mãe de Jair, intercedeu pelo filho. Seu pedido aflito, feito com amor, foi justo. Ambrózio, amigo de Sara, foi ajudá-la e eu vim junto para auxiliá-lo. Quando um pedido sincero é feito ao Alto, em nome de qualquer ser, é analisado e, se for aprovado, os trabalhadores do bem vêm para o auxílio. Neste caso, Ambrózio veio. Jesus nos recomendou que granjeássemos amigos. Quando cultivamos o carinho sincero de amigos, os teremos sempre prontos a nos ajudar. Por alguma circunstância, Ambrózio e Sara já caminharam juntos. E pelo vínculo de afeto, aquele que caminha adiante se preocupa e trabalha em prol daquele que estacionou. Deus Pai socorre sempre seus filhos pelos seus próprios filhos. Vamos tentar libertar Jair deste domínio ruim e ajudá-lo a melhorar.

– Como Jair veio ter com o pessoal da Casa Verde?

– Euclides se estabeleceu aqui e Jair foi atraído pelo seus afins quando estava à procura de emprego. O grupo se encontrou, encarnados e desencarnados. Euclides já participava na capital de um trabalho mediúnico parecido com o que vimos na gruta. Ele logo notou a mediunidade de Jair e o convidou para ir à gruta; o menino foi e gostou.

– Por que existe essa afinidade de Jair com espíritos trevosos?

– Nós recebemos, encarnados, a herança racial e individual da humanidade. Há muitos milênios caminhamos na Terra. E o que temos cultivado? Guerras, ódios, posses, luxúrias e demais vícios. Isto está latente em nossos genes. Transmitimos aos nossos filhos essa herança hereditária. Não tendo cultivado nada de bom espiritualmente, afinamo-nos com atitudes e circunstâncias primárias.

– Isso tudo aconteceu porque ele fazia parte do grupo quando desencarnado?

– Não tem tanta importância assim ele ter pertencido ao bando. Se pegarmos uma gota de água de um rio e outra de outro rio, ambas serão água. Não é taxativo que o indivíduo seja necessariamente bom por ter vivido com pessoas boas e ser mau por ter vivido com maus. O que importa é ele no presente cultivar ou o bem ou o mal, conforme sua escolha.

– Se não fosse nossa interferência, ele poderia fazer muito mal no futuro? – ainda quis saber Gregório. – E mesmo agora, com nossa ajuda, ele poderá fazer?

– Poderia e pode, pois, por uma circunstância da natureza, sua energia vital é abundante. E a direção dos seus pensamentos é que transformará sua energia em benéfica ou maléfica. Se ele lutar para renovar seus atos, ele propiciará o bem. Mas, se um dia qualquer ele for agredido nos seus interesse íntimos e a sua compreensão não for profunda, sua revolta ou ira poderão ser profundamente destrutivas. Daí o dito: "O crente está a um passo da descrença". O que é realmente bom é incapaz de tornar-se mau.

Calamo-nos. Amanhecia e ver o nascer do sol de cima das pedras era um espetáculo deslumbrante. Vimos movimentação na Casa Verde. Fomos para lá.

A prisão

IX

A polícia chegou de lancha e cercou toda a propriedade. Depois, entraram na casa. Euclides, quando percebeu, ficou nervoso e tentou fugir, mas não teve tempo. Vendo-se cercado, desesperou-se. Tentou ainda queimar alguns documentos comprometedores, mas a polícia agiu rápido. Deu-lhe voz de prisão e ele foi algemado. Todos os que estavam na casa foram algemados e revistados, até os empregados domésticos, fato que preocupou Gregório, que argumentou:

– Antônio Carlos, até estes coitados serão presos? São simples empregados domésticos, cozinheira, lavadeira e pobres ignorantes que trabalham nas plantações e no laboratório.

– A justiça dos homens muitas vezes não é correta. Vamos aguardar os acontecimentos. Certamente ficarão presos até ser provado que eles não têm culpa. Mas, Gregório, será que eles não sabiam mesmo que aqui se fazia algo errado? É estranho plantar ervas para chá, escondido; e depois tem esse processo para torná-la pasta e o fato de que na casa o produto não era consumido. Acho que todos desconfiavam, mas as vantagens eram muitas. A corda arrebenta do lado mais fraco. Esta propriedade está no nome de Euclides; ele sim se comprometeu, foi pego de surpresa. Quanto aos outros, espero que seja provado que eram simples empregados e que sejam soltos, como também espero que a lição seja aprendida: não devem trabalhar com muitas vantagens, devem desconfiar de trabalhos fáceis e também devem ser mais precavidos no futuro.

O laboratório foi descoberto e também os documentos com nomes de fornecedores, vendedores e até de alguns consumidores. Pelo rádio foram passados nomes e endereços para que todos fossem imediatamente presos.

Tudo o que estava no laboratório foi levado para o pátio. Os presos foram obrigados pelos soldados a arrancarem os pés de coca e levar para o pátio. Os soldados também ajudaram. Um monte enorme se formou e com acetona, éter e álcool do laboratório, puseram fogo.

Todos os presos e soldados foram para as lanchas e partiram para a capital. Deixaram a casa em total confusão.

A notícia chegou à aldeia, todos pela região ficaram sabendo. Os pais de Jair foram aflitos do trabalho para a casa. O menino, ao saber da notícia, chorou de medo. Xarote estava na Casa Verde quando a polícia chegou. Correu para perto de Jair. Só pôde torcer para que a polícia não o prendesse. Mas Adalberto, que comandava a diligência, entendeu que o pessoal da aldeia não tinha nada a ver com a plantação da Casa Verde.

Xarote ficou inquieto. Quando viu que ninguém falou de Jair e que a polícia foi embora, suspirou aliviado. Quando relaxou, Ambrózio o fez dormir. Foi levado adormecido para um Centro Espírita onde seria doutrinado, numa sessão de desobsessão, e depois levado para a Escola de Regeneração, para onde já tinham sido levados os outros.

– É necessário – explicou Ambrózio – que Xarote não fique com Jair. O menino não se recuperará se não for afastado do seu lado uma companhia tão perturbada assim.

– Não estamos indo contra seu livre-arbítrio levando-o sem sua vontade? – indagou Gregório.

– Temos liberdade até o limite de não interferir na liberdade do próximo – respondi. – Veja você que os encarnados têm o livre-arbítrio de matar outro ser humano. Mas sabem que podem ir para a prisão, acontecimento contra sua vontade. Desencarnados sabem bem o que é errado, mesmo assim cometem erros, como também sabem que consequências contrárias ao seu desejo podem acontecer. Muitas vezes, não se quer algo por desconhecimento, como mudar de vida. Mas esta mudança só acontecerá se ele quiser realmente. Por isso, Gregório, vamos levá-lo para uma doutrinação. Xarote não tem respeitado a liberdade dos outros, um dia terá a sua liberdade desrespeitada. Isso ocorre com todos os que por um período invadem a privacidade de outros. Para todos os abusos há um basta. Xarote será levado para a escola. Lá, tenho a certeza de que quererá mudar sua forma de viver. Se depois de ficar lá o tempo estabelecido, ele ainda quiser voltar à antiga forma de viver, voltará. Mas duvido.Vendo a Colônia e convivendo com pessoas boas vai se transformar, porque é isso que tem acontecido. O estudo nas Escolas de Regeneração tem dado resultados excelentes. Muitas Colônias do Brasil e de toda a Terra têm essas escolas. Aderindo a essa forma de educar e instruir esses irmãos desequilibrados, muitas outras escolas estão para serem inauguradas.

– E se ele não se regenerar e voltar para perto de Jair? – perguntou Gregório curioso.

– Os dois vão ficar um bom tempo separados e muitas coisas mudarão. Aí, caberá a Jair aceitá-lo ou não – continuei a elucidá-lo.

Os trabalhadores do Centro Espírita nos receberam com alegria. Xarote foi colocado num leito onde ficaria dormindo. Seria acordado horas antes da reunião para receber orientação. Depois, voltamos para perto de Jair.

Na aldeia só se comentava sobre a prisão realizada. Os pais de Jair estavam preocupados e ele chorava de medo, já sentindo a falta do companheiro desencarnado. Quando espíritos se acostumam com a presença um do outro, seja encarnado ou desencarnado, ao se afastarem, sentem essa falta. Principalmente se são afins. Tenho visto isso acontecer em caso de obsessões, até mesmo por ódio.

– Não vejo nenhum componente do bando por aqui. Onde estão? – indagou Gregório. – Logo que a polícia chegou foram embora.

– São amigos nas horas de lazer, quando tudo está bem. Eles devem estar frustrados por não terem podido prever a diligência policial. Foram para uma cidade do Umbral. Devem estar planejando se aliarem a outros.

– Com Euclides preso, esses encarnados já não servem para eles – explicou Cláudia, que durante os últimos acontecimentos havia prestado atenção às atitudes do bando.

– Será que denunciarão Jair? – perguntou de novo Gregório, agora preocupado.

– Não creio – respondeu Ambrózio –, senão já o teriam feito. Jair era para Euclides só um moleque médium de pouca importância. Vou me ausentar, esperem-me aqui. Volto logo.

Ambrózio se afastou por vinte minutos e voltou acompanhado por um sorridente senhor que nos apresentou:

– Este é Marindo, trabalhador do Posto de Socorro da região. É antigo componente do bando de Xarote. Cansado da forma que vivia havia um bom tempo, pediu abrigo no Posto. Recuperado, passou a ser um trabalhador exemplar. Aceitou ficar por uns tempos com Jair, substituindo Xarote.

Depois dos cumprimentos, Marindo, com muita simplicidade, aproximou-se de Jair e lhe pediu calma. Jair aceitou de imediato o novo companheiro. Sentindo-se protegido, aquietou-se.

Ambrózio voltou-se para Sara, colocou a mão em sua testa e lhe transmitiu calma. Quando um desencarnado quer comunicar algo ao encarnado, quase sempre é por pensamento. Podemos também lhe falar, pronunciar palavras e expressar o pensamento. Fixamos o que queremos dizer, transmitimos, e o encarnado o recebe, às vezes de maneira clara, outras incompleta, ou então só conseguimos dar uma ideia vaga. Ele continuou:

– Sara, você não tem, em alguma outra cidade, algum parente a quem poderia pedir abrigo para o garoto? Jair necessita sair daqui, passar um tempo longe da aldeia. Com os irmãos não, com outros familiares, com pessoas boas.

Sara escutou Ambrózio, ficou alguns minutos a pensar, depois falou entusiasmada ao marido:

– Jacó, vamos mandar Jair para a casa de Conceição, minha prima? Nós duas fomos criadas juntas. Há dois anos ela mandou seu filho Ricardo passar uns tempos aqui em casa. Você resmungou que era mais um para alimentar, mas deu certo, Ricardo largou a moça atrevida e se casou com outra, que é muito boa. Podemos mandar Jair passar uns tempos lá, escreveremos para ela explicando tudo. Ele deve ir já, hoje ainda. Saindo daqui à tardinha, vocês estarão na cidade vizinha de madrugada para ele pegar o trem de manhãzinha. A tarde ele estará com a Conceição. Para todos aqui da aldeia, diremos que ele está com os irmãos.

– E sou eu que tenho que ir com ele a pé até a estação de trem? – resmungou Jacó.

– É você sim! Eu não queria Jair trabalhando lá na Casa Verde, você é que achava certo. Ficava preocupada e você me chamava de boba. E olha aí quem é bobo! Bem, não vamos brigar. Jair pode ser preso e você também. Quando não levam a criança, levam o pai. Está certo que ninguém sabia que lá plantavam veneno tóxico. Jair não sabia.

– Droga, mulher, era droga que plantavam.

– Dá no mesmo! Então, você vai? – indagou Sara.

– Vamos, arrume tudo sem dar motivos de desconfiança. Vou ficar dois dias na cidade, vou aproveitar para ver o que os outros estão fazendo. Não quero mais nenhum filho meu envolvido com bandidos.

Jacó saiu e Sara foi arrumar uma pequena mala para Jair. Ditou uma carta para sua prima. Aldo escreveu. Nela ela pedia para Conceição ficar com o filho por uns tempos.

Jair, triste e envergonhado, chorou ao beijar a mãe e se despedir. Sara prometeu que logo que o perigo passasse escreveria chamando-o de volta.

Assim, foram andando pai e filho pela estreita estrada em passos cadenciados. Marindo foi com eles, já nutrindo por Jair um carinho especial.

– Marindo e Jair serão bons amigos! – exclamou Gregório.

– Assim espero – considerou Ambrózio. – Jair, espírito que muito tem errado, muito tem que fazer de bom a si mesmo e ao próximo. Marindo e Jair pertenceram ao mesmo bando, foram amigos e tudo leva a crer que continuarão a ser. Marindo mudou para melhor e Jair poderá mudar também. Sendo médium, deverá trabalhar com sua mediunidade. Com Marindo ao seu lado, seu antigo amigo agora regenerado, ele o fará para o bem e não mais para o mal.

Fomos ver Euclides, que estava na delegacia. Logo a notícia se espalhou e a imprensa já fazia reportagens. Jornalistas ávidos por notícias invadiram a delegacia querendo saber detalhes da grande prisão e o sucesso dos trabalhadores da lei. Euclides estava triste, envergonhado e revoltado. Mil pensamentos lhe passavam pela mente atormentada.

"O que vão dizer meus amigos quando souberem? E os parentes? Meus filhos? A sociedade inteira vai me condenar. E Xarote, por que não nos protegeu como prometeu? Não deixei de fazer nada do que me pediu."[13]

– Estou com pena de Euclides! – exclamou Gregório.

– Também estamos – assegurou Ambrózio. – Mas Euclides não é mais criança e sabia muito bem o que estava fazendo. Está sofrendo pelo orgulho ferido. Está preocupado consigo mesmo, com o que as pessoas vão falar e achar. Não lhe passou pelo pensamento se seus filhos vão sofrer. Não está preocupado com seus empregados que são inocentes. Nem com os jovens, com as pessoas que fazem uso da droga. Quantos males sua ação tem acarretado. Quantos suicídios, quantos crimes e quantas lágrimas seu ato errado provocou?

– É verdade! – concordou Gregório. – Então é bem-feito que esteja preso!

– Não, também não é assim! – continuou Ambrózio. – Euclides sabia que agia errado traficando cocaína. Que estava contra a lei e que podia ser preso. Teremos que dar conta um dia dos nossos

---

13 Desencarnados, como do bando, prometem muito mais do que podem fazer. Como nem tudo lhes é permitido e como não podem com a intervenção dos bons, isso está sempre ocorrendo. Também acontece que quando o encarnado ou os desencarnados não lhes são mais úteis, os abandonam (NAE).

atos errados, seja à sociedade, à nossa consciência ou às Leis Divinas. Apiedemo-nos dele, porque ele age errado e não tem ainda consciência dos seus erros. Procurou dinheiro fácil fazendo muitos infelizes. Planta a má semente e terá que colher da sua plantação. Tenho muita pena dos que erram e saboreiam o erro, quase sempre a dor vem chamá-los à realidade espiritual. Pessoas como Euclides ficam estacionadas no caminho e, pior, fazem muitas pararem. Quando somos a causa de outros errarem, nossa responsabilidade é maior.

Ao acabar de falar, entraram na delegacia umas vinte e cinco pessoas, presas em flagrante comprando droga de Euclides. Eram quase todos jovens. Uns choravam apavorados, outros pareciam indiferentes, talvez acostumados com a delegacia. Um jovem chorava aflito; era Marcelinho, filho de Euclides.

Ficamos com pena daqueles jovens em diversos graus de viciação. Não só vimos o grupo de jovens viciados e o que a droga fazia em seus físicos, como também muitos desencarnados viciados que estavam com eles em diversos graus de demência. Ver desencarnados viciados em tóxico é bem triste, a droga deforma o perispírito e os faz sofrer muito. Uns estavam apavorados, como alguns encarnados, outros se deliciavam com a prisão dos companheiros encarnados e outros ficavam indiferentes, alheios, sem entender o que ocorria.

Mas com o grupo estavam uns jovens desencarnados radiosos. Com amor e bondade, aqueles trabalhadores do bem tentavam auxiliar o grupo de viciados. Cumprimentamo-nos sorrindo.

Foram todos recolhidos numa cela. Marcelinho viu o pai na cela em frente e gritou para ele raivoso:

– Seu cão imundo! Então é verdade? Contaram-me que era você o chefão e ao ser preso delatou todos. Mentiroso! Falava para nós que trabalhava muito. Malandro! Covarde!

Gritava e chorava, os companheiros de cela quietaram e ficaram olhando para ele.

– Não é verdade – defendeu-se Euclides. – Não dedurei ninguém. Prenderam-me de surpresa!

– Marcelinho, ele não está mentindo – disse um dos jovens que foi preso com ele. – Ouvi no rádio que foi isso mesmo. Prenderam-no de surpresa e acharam documentos que comprometeram outros.

Marcelinho calou-se. Euclides então percebeu o que acontecia.

– Marcelinho, o que faz aqui? Por que está preso a estes...

– Viciados, pai? – falou Marcelinho, voltando a chorar. – Sou um viciado! Fui preso comprando droga.

Confusão na delegacia. Pais chegando aflitos, advogados, quase todos falando ao mesmo tempo. Alguns jovens passando mal, falta de droga, fraqueza, muitas pessoas juntas num espaço pequeno. Marcelinho vomitou, passou mal, amigos na cela o ajudaram, como também os trabalhadores desencarnados. Quando melhorou, olhou para o pai, que o observava aflito.

– Pai, olhe bem para mim, veja seu filho alucinado! Vou morrer, já não vivo sem a maldita droga! Sem a cocaína! Veja o que fez de mim! Criminoso! Só você deveria estar preso aqui!

Euclides não respondeu, mas os dizeres do filho ficaram em sua mente. Tentou acalmar-se e chamou seu advogado. Deu entrevistas tentando inocentar-se.

– Será que Euclides vai sair logo da prisão? Mesmo com o flagrante? – manifestou Gregório indignado.

O advogado era esperto e estava conduzindo o inquérito, tentando provar que Euclides era inocente. Que tudo fora uma trama para prejudicá-lo.

– A justiça dos homens é muito falha. Poucos traficantes ficam presos neste país – comentou Ambrózio.

Aos poucos, os jovens foram soltos. Euclides ficou preso. Mário, o tio de Marcelinho, foi buscá-lo. Nós o acompanhamos. Foi um choque para a orgulhosa senhora ver seu filho naquele estado e saber da prisão do marido.

Mário era boa pessoa, sério e honesto. Logo tomou a iniciativa de ajudar a família. Telefonou para um hospital, conversou com uma assistente social e marcou a internação do sobrinho para a manhã seguinte. Ele mesmo iria levar Marcelinho para a clínica. O garoto concordou e agradeceu ao tio. Sentia que precisava de ajuda para largar o maldito vício. O tratamento, entretanto, era pago. Ainda bem que a mãe de Marcelinho foi a favor e disse para o filho e para Mário:

–Vou vender esta casa. Comprarei um pequeno apartamento num bairro mais popular. Será melhor; aqui não me sentirei bem saindo à rua nem suportarei os comentários maldosos da vizinhança. Morando onde não nos conhecem será mais fácil recomeçar. Euclides deve ter dinheiro guardado que dará certamente para pagar o advogado que o tirará da prisão e para o tratamento de Marcelinho. Quero que você fique bom, filho!

Abraçou-o. Marcelinho chorou desesperado.

– Ó, meu filho! Errei com você! Vou mudar, vou passar a me preocupar mais com meus filhos, cuidarei de vocês com carinho e amor. Estava absorvida em coisas mundanas e descuidei das pessoas que amo. Você estava viciado e eu nem notei! Depois de tudo acertado, vou me separar de seu pai. Um traficante! Que vergonha! Há tempo mesmo já não vivíamos bem.

– Euclides está preso, desonrado, os filhos nem um pouco preocupados com ele. E a mulher não o quer mais. Que coisa! – exclamou Gregório.

– Espero que Euclides aprenda a lição – disse Ambrózio. – A esposa esquece sua parte de culpa nestes acontecimentos. Nunca se interessou pelo que o marido fazia, só pelo dinheiro que lhe dava. Vamos agora ver Jair.

Jair e o pai caminhavam distraídos e tristes. Marindo ia com eles. Logo pela manhã, às cinco horas, Jair partiu no trem, foi segurando as lágrimas, estava com medo.

Também pela manhã Mário levou Marcelinho para a clínica. Era um bom lugar e todos estavam esperançosos quanto à sua recuperação.

Os empregados domésticos da Casa Verde e os moradores da região que trabalhavam com Euclides foram todos soltos e voltaram envergonhados para seus lares. Só ficaram presos os guarda-costas, os indivíduos que eram conhecidos da polícia e Euclides. Mas seu advogado tudo fazia para que ele fosse solto e respondesse o julgamento em liberdade. Tudo indicava que ela ia conseguir.

Logo à noite, fomos ao Centro Espírita onde levamos Xarote para ser doutrinado. Xarote foi acordado momentos antes de a reunião começar. Um trabalhador do Centro Espírita conversou com ele explicando o que estava acontecendo.

Ele foi levado ao local da reunião de desobsessão, onde encarnados e desencarnados, trabalhadores do bem, tentavam recuperar espíritos ignorantes e desequilibrados. Xarote ficou no salão, quieto, sabia que não conseguiria sair dali. Ficou escutando orações, leituras evangélicas, cabisbaixo e pensativo. Ao ver aquela reunião diferente teve respeito pelos trabalhadores e prestou atenção em tudo. Depois, viu a incorporação dos desencarnados que sofriam, que tinham lesões profundas em seus perispíritos e que foram recuperados. Eles receberam orientações que lhes deram paz e alegria. Xarote gostou, olhava tudo admirado, mas não se sentia disposto a mudar de vida. Gostava de farras, bebidas e bagunças. Chegou a sua vez de receber orientação. Chegou perto de um médium e houve o intercâmbio com o dirigente encarnado. Conversar com desencarnados incorporados é mais fácil. Ele, acostumado a incorporar para desfrutar prazeres do corpo físico, ali poderia sentir outras sensações, como dores e medo. Se a reunião de desobsessão reúne pessoas sérias e estudiosas, o resultado é muito bom. O desencarnado incorporado pode ser obrigado a recordar seu passado, a ver seus erros, a recordar sua desencarnação. Às vezes, ao recordar certas partes de sua vida, como sua desencarnação, sente como se ela estivesse acontecendo novamente. Se não estiver incorporado, ele pode se livrar disso. Incorporados, eles conversam melhor com encarnados que fazem mais parte do seu dia a dia do que com os desencarnados bons, que quase não conseguem ver. Quando levamos Xarote para o Centro Espírita, tiramos todas suas armas, suas esporas, porém ele continuou com sua roupa extravagante. Logo que chegou perto do médium que lhe era estranho, não lhe foi permitido aproximar-se muito. O médium experiente, educado e estudioso, não ia obedecer como Jair o fazia. Ele quis gritar, mas o médium não falou alto, não se levantou, não saiu do lugar e não fez suas vontades. Sentiu-se dominado; não conseguiu sair de perto do médium, isso ele só faria quando lhe fosse ordenado. O doutrinador encarnado lhe dirigiu a palavra. Educada e pacientemente inquiriu-o, Xarote sentiu medo. Recebia os fluidos dos encarnados, como também dos desencarnados que ali trabalhavam. Essa energia o incomodava, parecia que o queimava. Teve medo da firmeza do outro. Encarnado firme na fé, de boa moral, impõe respeito em desencarnados como Xarote, mais que os desencarnados bons. Sem saber como, começou a ver seu passado. Centros Espíritas que usam esse método, utilizam uma tela fina que transmite as imagens de pensamentos de alguém. Ela é utilizada também quando se quer mostrar Colônias, lugares lindos a desencarnados que estão sendo orientados. Quando isso acontece, um trabalhador da Casa recorda o que viu e as imagens passam na tela. Nesse caso, Xarote foi induzido a lembrar seus erros e seu passado; os acontecimentos por ele vividos formavam imagens que passavam na tela. Ele achava que não estava pensando em nada. É que o aparelho capta o que está gravado dentro de nós, fatos que julgamos, às vezes, que só nós conhecemos. Outros, induzidos a recordar, pensam mesmo, mas também veem as imagens na tela; não as conseguem fazer parar, as imagens só acabam quando os trabalhadores desencarnados julgarem necessário. Ver na tela acontecimentos vividos produz bons resultados. Mas pode acontecer de os desencarnados nem ligarem. Pode ser que eles sejam insensíveis e endurecidos. Mas Xarote incomodou-se, chorou, algo que havia muito não fazia. E choro sempre faz bem, é sinal de emoção. Muitas vezes nos revoltamos com certos acontecimentos, mas ao recordar o passado vemos que são reação de nossas ações e que não existem motivos para revoltas. Xarote se julgava injustiçado e entendeu que não havia por que se julgar assim. Envergonhou-se de seus erros. O doutrinador o convidou a mudar a forma de viver, a conhecer outras moradas. Ele aceitou e pediu perdão a Deus. Foi retirado de perto do médium e no fim do trabalho seria levado para a Escola de Regeneração onde receberia instrução e ensinamentos, que necessitava. Também seria convidado a mudar de roupa. Alguns, nos primeiros dias, podem não aceitar mudar de vestuário, mas acabam mudando. Na Escola de Regeneração há uniforme, mas não é obrigatório. Os que usam têm orgulho em vesti-lo. No fim do curso, todos estão felizes com seus uniformes.

Gregório me indagou baixinho:

– Por que foi recomendado a ele para que pedisse perdão a Deus?

– Disse bem, foi sugerido, foi recomendado, primeiro porque sempre que erramos e pedimos perdão com sinceridade, recebemos paz como resposta. Segundo, este é um ato de entrega ao bem. É o início da mudança, é como dizer que não quer mais o mal e que está disposro a fazer tudo para merecer a ajuda oferecida.

– Pensei que haveria mais dificuldades para convencer Xarote – comentou Gregório.

– Xarote – respondi – era um desencarnado mau, mas não escondia de ninguém que o era. Era autêntico, era o que era, e não queria aparentar ser diferente. Desencarnados assim não são difíceis de serem convencidos a mudar, sempre se acha algo na sua vida que os comove. Difíceis são os hipócritas. Tanto que Jesus nos disse: "Ai de vós, escribas e fariseus hipócritas."[14] O chefe do bando, o louro,

---

14 Mateus 23:25 (Nota da Revisão).

é hipócrita; muda conforme a conveniência, não ama nada, é insensível, difícil de lhe tocar o coração. É por isso que aconselhamos aos espíritas cautela contra a hipocrisia. Não deixem que ela se instale dentro de vocês, esforcem-se, mudem para melhor com sinceridade e não finjam ser o que não são. Desconfiem dos hipócritas encarnados e desencarnados. Aparentando o que não são, muitos males podem fazer.

A reunião terminou com grande proveito. Gregório, encantado com o que viu e ouviu, comentou:

– Como nosso passado explica o presente! E como podemos planejar nosso futuro com nossas ações atuais! Vocês viram como Jair e Xarote estavam unidos? Este foi seu pai na encarnação passada. Que alívio ver Xarote disposto a melhorar. Que lição proveitosa podemos tirar de orientações assim. Aprendi uma bela lição. Antes de pensar em fazer uma simples desfeita a alguém, pensarei se essa pessoa não pode ter sido alguém que me foi caro no passado.

Sorrimos. Os encarnados conversavam trocando ideias, mas foram saindo. Logo todos foram embora. Os desencarnados que receberam auxílio foram levados ou para os Postos de Socorro ou para as Colônias. Ficamos conversando por algum tempo. Conversar com amigos é sempre agradável e ao trocar informações aprendemos.

Gregório me inquiriu novamente querendo aprender.

– Antônio Carlos, com esse trabalho com Jair, vi desencarnados que estão agindo errado, no mal, atingindo encarnados. Aqui, neste trabalho, também vi encarnados pedirem que os livrem dessas influências. O que realmente devemos fazer para não sermos atingidos por essas entidades maldosas?

– Nem sempre basta pedir ou ordenar que se retirem ou se afastem; é preciso mudar em cada um o que existe de negativo. Devemos tentar mudar nossa vibração. Como já lhe foi dito, o mal vibra em ondas longas, o homem bom e virtuoso em ondas médias, o cidadão do cosmo, os santos, ou os espíritos superiores, em ondas curtas. Eis um exemplo fácil de como não ser atingido pelos maus. Assim como o rádio, a nossa mente só recebe dentro da onda que ela emite. Se vibrarmos fora do alcance deles, não seremos atingidos. Quando formos atingidos por uma perseguição, devemos sair da faixa mental do mal. Quando aprendemos a vibrar no amor e compreensão, a viver no bem, como cristãos, não seremos atingidos por eles. Muitos encarnados aqui vieram de fato para tentar se livrar de obsessores. Mas estas influências podem servir para melhorar as pessoas. Tanto que aqui vieram em busca de auxílio. E a ajuda maior que receberão é o que se pode aprender nos Centros

Espíritas. Como também, Gregório, de maneira geral o obsessor, o desencarnado maldoso, é visto como agressor e tudo se faz para o agredido, neste caso o encarnado, não ser atingido. Ambos têm que se melhorar. É necessário que o agredido se torne bom e faça o outro tornar-se também. Para isso devemos nos transformar, do homem violento, avarento, luxurioso e egoísta numa pessoa melhor. Essa transformação não vem de fora para dentro, ela nasce como resolução anterior que posteriormente vai se transformando em compreensão e, então, nos leva a amar verdadeiramente a todos como irmãos. O amor anula o ódio, se amarmos, nada de mal nos atingirá. Devemos aprender a conviver com os maldosos sem nos deixar contagiar e contaminar por eles. E o amor que nos transforma os transformará também.

– Almejo trabalhar num Centro Espírita, encantei-me com os trabalhos desta noite. Logo que possível vou pedir para estagiar como aprendiz em um – falou Gregório sorrindo, alegre como sempre.

Era hora de partir, Ambrózio nos pediu para irmos ao rochedo. Assim que chegamos, dirigiu-se a nós com carinho:

– Amigos, quero lhes agradecer a ajuda. Sem o auxílio de vocês certamente não teria os resultados desejados.

– Por nada, por nada – respondeu apressado Gregório, demonstrando ter assimilado a lição.

Mesmo entre colegas, o agradecimento deve ser sempre de modo simples e sincero. Ambrózio nos agradecia de coração, embora num trabalho de equipe, um deve ser grato ao outro e a Deus, porque todos aprendemos muito em cada tarefa executada. Depois de um curto silêncio, Gregório perguntou a Ambrózio.

– Ambrózio, você veio ajudar Jair por causa de Sara. O que o liga a ela? Já viveram juntos em outras encarnações?

Ambrózio sorriu entendendo a curiosidade de Gregório; olhou-nos e viu em mim e em Cláudia o interesse em saber dos acontecimentos que os unia.

– Está bem, acho que vocês devem saber. Se tiverem paciência em me escutar...

– Claro – disse Gregório sentado numa pedra. – Estou aprendendo a ser paciente, pode começar. Escuto você!

Rimos.

O passado de Ambrózio

X

Ambrózio, após meditar alguns segundos, falou com sua voz doce e agradável:

– O passado está em nós, é a reação no nosso presente. Hoje sou feliz. Mas já passei por aprendizados dolorosos. Quanto a Nizá, espero que aprenda para que possa também ser feliz no futuro. Agora seu passado parece gritar, chamando-a às contas, para resgatar muitos erros. Como queria que ela aprendesse a Amar e se despisse do orgulho; alegrei-me ao vê-la preocupada com os filhos, a orar com sinceridade. Vou lhes narrar como conheci Sara, então Nizá. Por volta de 1450, encarnei na Inglaterra como filho de servos de um castelo de nobres. Os senhores do castelo, os *lords,* eram pessoas que gostavam muito de festas e seus três filhos viviam soltos pela propriedade: Marc, o mais velho, Mary e James. Eu era amigo dos três e brincávamos juntos pelos pátios e salões. Eu lhes queria muito bem. Quando ficamos adolescentes, passei a trabalhar como servo de Marc. A senhora do castelo ficou doente e em pouco tempo desencarnou. Estava naquela época com dezessete anos, a mesma idade de Marc, Mary com quatorze e James com nove anos. Todos sentiram muito a desencarnação daquela senhora, que não era exigente com os servos e era muito alegre.

Mas logo tudo voltou ao normal e o *lord* casou-se novamente com Nizá. Ela era estrangeira e o *lord* a conheceu numa feira e apaixonou-se por ela. Era muito mais nova que ele e ficamos sabendo que ela se casou contra sua vontade, obrigada pelo pai. Nizá era muito bonita, morena, de grandes olhos verdes. Seus costumes eram diferentes, no começo era quieta, observava muito, não era de muito falar. Pressenti que Nizá era como uma serpente que dava botes mortais. Os enteados não gostaram, mas a pedido do pai tudo fizeram para viverem em harmonia. Nizá começou a bajular Mary, tratava todos bem na presença do marido. Longe dele, ela ignorava os enteados, mas também não os aborrecia. Mas com os servos era exigente, agressiva, nós tremíamos diante dos seus gritos nervosos.

Vaidosa e ciente de sua beleza, sabia conquistar a quem quisesse. As festas voltaram a acontecer e todos aceitaram a nova senhora. Era assim que se sentia, a nova e absoluta senhora do castelo.

Marc foi fazer uma viagem para completar seus estudos e treinar para ser um cavaleiro. Apaixonei-me por Mary e ela parecia corresponder. Sabíamos que era impossível aquele amor, mas mesmo assim a amava. Mary, de meninota desajeitada tornou-se uma bela moça, loura de olhos azuis, doces e tristes. Nizá não gostava de concorrentes, principalmente no castelo. Ela não admitia nenhuma serva jovem e bonita ali nos seus domínios, só trabalhavam no castelo mulheres que ela achava feias. Ela fez com que o marido arrumasse um casamento para Mary. Sofri muito. Mary me pareceu desalentada e triste, mas ao conhecer o noivo mudou de ideia. Ele era um perfeito cavalheiro, bom, bonito, de família rica e apaixonou-se por ela logo que a viu. Casaram-se e ela foi morar com o esposo não muito perto do castelo. Visitava o pai raramente. Mesmo a vendo pouco, continuei a amá-la.

Quando Marc voltou ao castelo, estava com dezenove anos. Era bonito, elegante e foi alvo dos olhares maliciosos da madrasta, que tinha naquela época vinte e três anos. Havia muito escutava comentários pelo castelo de que Nizá traía o *lord*. E que tentou em vão conquistar o marido de Mary. Agora conquistava Marc. Triste, vi meu amigo interessar-se por ela. Tentei afastá-lo daquela aventura, mas o amor crescia forte no seu coração inocente e leal. Nizá acabou vencendo e Marc tornou-se seu amante. Isso não trouxe alegria a ele. Marc tornou-se triste por trair o pai e por se tornar um fantoche nas mãos da perversa Nizá.

Passaram dois anos, fiquei no castelo como servo particular de Marc. Continuei a amar Mary, já mãe de dois filhos. James crescia forte e alegre, parecia desconfiar da relação do irmão com a madrasta, mas nada falava. Marc recusava a casar-se e quase não saía do castelo, estava completamente preso ao encanto de Nizá, que começou a se cansar dele. Tinha outros amantes. O marido nada sabia, talvez desconfiasse, mas também era fascinado pela esposa.

Um dia, o *lord* saiu para caçar e Marc entrou nos aposentos da madrasta. Fiquei de guarda no corredor. Ouvi-os discutir, depois quietaram. Pressenti que haviam feito as pazes. Foi então que vi o marido subir as escadas; voltava antecipadamente e estava furioso. Querendo avisar Marc, abri a porta e entrei no quarto.

"Marc, seu pai está voltando e parece nervoso", falei alto.

Ele deu um pulo e instintivamente saltou por uma janela ganhando a sacada e por ela foi ter ao jardim, desaparecendo rapidamente. Mas eu fiquei ali olhando Marc e, quando dei por mim, estava de frente com o *lord,* que me olhava furioso. Foi então que vi Nizá no leito seminua.

"É você?! Trai-me com um servo!", gritou raivoso.

"Não, senhor", respondi aflito. "Juro! Nada fiz de errado!"

Lord foi até Nizá e lhe deu uns sonoros tapas no rosto. Depois apertou-a pelo pescoço.

"Com quem me trai? Com quem?", continuou a gritar enlouquecido.

Nizá para se livrar disse:

"Foi ele que me obrigou a traí-lo! Dizia que ia matá-lo se não o recebesse aqui no meu quarto. Perdoe-me! Amo só você!"

O marido a largou e virou-se para mim.

"Você! Um simples servo! Quando contaram que Nizá me traía, não pensei que fosse com um simples empregado. Miserável! Traidor! Nasceu nas minhas terras! É amigo dos meus filhos! Morra!"

Atônito vi a faca em sua mão e depois entrar no meu abdome. Empregados entraram no quarto, seguraram o *lord* e levaram-me para os fundos do castelo. Meus pais foram me ver, estavam aflitos. Eles sabiam que eu era inocente, todos no castelo sabiam. Fizeram o primeiro curativo e o *lord* mandou me prender. A prisão era nos porões do castelo.

Deixaram-me numa cela pequena e fechada. Tinha água à vontade, mas recebia pouca comida e meu ferimento infeccionou. Meus pais e amigos foram proibidos de me ver. Comecei a delirar com febre alta. Desencarnei após vinte e um dias, ali sozinho e com muito sofrimento. Meus pais enterraram-me, eles sentiram muito, como todos no castelo. Eu era querido.

Ao me sentir liberto, não me revoltei com a injustiça, perdoei a todos, fui socorrido. Adaptei-me rápido à nova vida de desencarnado. Vim a saber de minhas encarnações anteriores, resgatei nesta encarnação meus erros, esgotei meu carma negativo. Dali para a frente me cabia crescer espiritualmente, adquirir conhecimentos e melhorar para progredir.

Quando desencarnei, os empregados revoltaram-se, reuniram-se e disseram ao *lord* a verdade, ou parte dela. Disseram a ele que Nizá o traía com muitos, com quase todos os amigos dele e que aquele dia eu estava no quarto para evitar uma tragédia, que era outro que estava com ela. Não disseram que era o filho dele para evitar males maiores. Marc era querido e para todos ele era vítima da senhora.

O *lord* escutou quieto, sentiu pela injustiça que cometeu. Mandou Nizá de volta à sua casa paterna. Marc sabia que eu era inocente, nada fez para me ajudar, nem me visitar na prisão ele foi.

Mas arrependeu-se, muitas vezes me pediu perdão e eu lhe perdoei de coração. Ele passou a ser triste, permaneceu no castelo e começou a embriagar-se. Tentei equilibrá-lo, sem muito resultado. Ele ficou doente e desencarnou moço. Meses depois, seu pai também desencarnou. Os dois se entenderam, mas odiavam Nizá, tanto que foram procurá-la para se vingarem. Falei com eles e acabei convencendo-os a perdoar-lhe. Resolveram esquecê-la e foram socorridos, levados para uma Colônia onde trabalharam e estudaram. Hoje estão reencarnados na Europa e se esforçam para melhorar.

No castelo ficou James, que se casou e foi feliz. Hoje quero Mary como irmã, ela também está encarnada, casada com aquele que foi seu marido no passado, e é feliz.

Nizá continuou sua vida de erros e traições. Ao seu lado estavam sempre desencarnados afins e muitos que a odiavam. Desencarnou e sofreu muito. Pedi para ajudá-la. Com permissão, fui muitas vezes falar com ela, convenci-a a perdoar e pedir perdão e a levei para um socorro. Continuei indo visitá-la, tentando educá-la. Ela muito errou, mas sofreu também. Pela primeira vez ela sentiu que alguém a queria bem, que queria ajudá-la sem interesse. Assim nasceu uma sincera amizade entre nós dois. Reencarnei e tempos depois a recebi como filha. A amizade se fortaleceu, amei-a, ela foi carinhosa conosco, com a mãe e comigo. Mas Nizá muito nos fez sofrer e à família toda, com seu comportamento errado. Continuou frívola, vaidosa, egoísta e colecionando amores. Novamente me coube como pai socorrê-la, quando desencarnou depois de muitos anos vagando. Ela teria que reencarnar. Voltou à carne entre alguns desafetos. Veio pobre, necessitada de trabalhar e sem tempo para fazer o que não lhe era devido. Agora não tinha dinheiro nem tempo para vaidade. Como mãe, aprende a repartir e parece que está melhorando. Adquire qualidades, perde vícios e a fé começa a crescer dentro dela. Espero que outros bons sentimentos floresçam também. Certamente, agora, nesta encarnação, é impossível Sara ser como foi quando se chamava Nizá; ser como foi nas duas últimas encarnações. Ela só terá que demonstrar que aprendeu a lição, se no futuro reencarnar sendo bela, tendo dinheiro e conseguir ser honesta, trabalhadeira e leal, demonstrará, então, que superou seus vícios. Se não conseguir, é porque não os venceu e terá novamente que repetir a lição até provar a si mesma que aprendeu.

Ambrózio fez uma pausa e Gregório falou contente:

– Entendi! Se uma pessoa não pode fazer uma coisa no momento, não se pode dizer que não o faria, se pudesse. Um espírito que tem o vício de roubar encarna sem as mãos; nesta, não roubará, não porque venceu seu vício, mas por não ter condições para fazê-lo. Se na outra voltar perfeito e não roubar, aí sim, pode dizer que venceu seu vício.

– É isso mesmo! E que vitória alcançamos quando vencemos nossos defeitos! – exclamou Ambrózio.

– É muito bonita a ajuda que tem prestado a este espírito. Espero que Sara vença seus defeitos – disse Cláudia. – Mas agora devo ir, meu trabalho me espera.

Cláudia e Gregório despediram-se. Nós nos abraçamos comovidos. Volitaram. Ficamos, Ambrózio e eu, no rochedo, depois fomos ver Jair, que chegou faminto à cidade. Pedindo informações, achou o endereço que procurava. Envergonhado, bateu à porta. Uma mulher agradável o atendeu. A casa era humilde, mas muito limpa.

– Sou Jair, filho de sua prima Sara – disse ele em voz baixa.

– Oi, entra! Como está? – Conceição respondeu observando-o.

Jair entrou e lhe entregou a carta. Conceição leu-a e sorriu.

–Você pode ficar, Jair. Meu marido e eu estamos sozinhos demais depois que todos nossos filhos se casaram. Vou arrumar seu banho e algo para você comer.

Jair suspirou aliviado, estava mesmo cansado e com fome.

– Jair ficará bem, Conceição e o marido são boas pessoas – comentou Ambrózio recomendando a Marindo: – Amigo, esforce-se para encaminhá-lo ao bem. Entre em contato comigo se necessitar de alguma coisa.

Ambrózio e eu fomos despedir-nos de Sara. Ela lavava a louça, lágrimas escorriam pelo rosto cansado.

– Nizá, Sara – disse Ambrózio suavemente –, você não perdeu seu filho, vai recuperá-lo. Logo ele estará de volta. Seus filhos estão bem. Continue firme! Ame, Sara, aprenda a amar de forma certa, sem interesse. Ame estes seres que agora estão com você. Não desanime! Sofrimentos e dificuldades são lições e ao fazê-las do melhor modo possível terá alegrias e paz. Tenha fé, ore ligando-se às forças positivas, recebendo assim o conforto, o consolo e carinho de amigos superiores.

Ambrózio estava radiante, ele criou por meio do amor uma energia maravilhosa e projetou em Sara, que a recebeu. Sentiu-se tranquila, parou de chorar e seus olhos brilharam.

Quando queremos ajudar uma pessoa dando a ela energias benéficas, devemos criar primeiro estes bons fluidos. Pensar em coisas boas, desejar a esta pessoa tudo de bom e mandar a ela, estando perto ou longe. Esta é uma das melhores formas de orar por outra pessoa. É doar algo de bom nosso a outrem.

Sara parou de lavar as louças, aproximou-se dos filhos e os beijou. Os dois garotos estranharam a atitude da mãe, que raramente demonstrava carinho por eles, mas gostaram e ficaram contentes.

Saímos do lar de Sara. Agora voltaríamos cada qual para nossas tarefas. Abraçamo-nos, despedindo-nos. Retornei feliz aos meus afazeres, certo de que muito aprendi acompanhando um amigo em um trabalho de ajuda a um ente querido.

O amor

XI

Uma vez amigos, sempre amigos. Estamos continuamente em contato, assim sei deles. Gregório foi, tempos depois, trabalhar num Centro Espírita e está felicíssimo com seu trabalho. Tem tentado e conseguido, porque quem tenta com vontade consegue ser um ótimo trabalhador na seara Espírita.

Cláudia continua sua tarefa ao lado dos imprudentes que se perderam no vício dos tóxicos. Seu amor é grande e com o trabalho com sua equipe tem obtido excelentes resultados.

Ambrózio continua a ensinar em salas de aulas numa Colônia de Estudo. Não só ensina como também ajuda a todos, seus alunos muito o amam.

Xarote se adaptou à Escola de Regeneração, fez o curso com muito proveito. Planeja reencarnar logo que possível e está firme no propósito de melhorar e crescer espiritualmente.

Mas o tempo passou, passa sempre nos modificando, mudando as circunstâncias em que somos envolvidos. Querendo saber o que aconteceu com os personagens destes acontecimentos narrados, fui visitá-los.

Marcelinho ainda lutava contra o vício. Passou por muitas internações; entretanto, continuava a consumir cocaína. Estava mais forte fisicamente. Quando o vi, ia todo esperançoso participar de um grupo de apoio, Queria realmente se ver livre da droga. Cíntia e a mãe viviam brigando. Moravam num apartamento simples, as duas trabalhavam para se sustentar. Mas como a senhora prometeu, tentava agora dar atenção e apoio aos filhos. Teve alguns bons resultados, embora com dificuldades elas entenderam que se amavam. O que dificultava era que não tinham religião. Faz muita falta à família uma religião seguida de forma sincera e com fé. Se fossem religiosos, primeiro não teriam passado pelo que passaram, porque assim não teriam se afastado de Deus e do bom caminho. E no momento em que passassem por muitos problemas, iriam resolvê-los com mais facilidade e eles seriam amenizados com a ajuda da oração sincera e do apoio de companheiros de fé. Harmonizamo-nos muito quando oramos e conduzimos melhor nossas dificuldades.

Euclides saiu logo da prisão e no julgamento foi considerado inocente. Porém o que vem fácil vai fácil também. O dinheiro ganho, que era muito, foi gasto com advogados e subornos. Morava sozinho num quarto simples de hotel, no subúrbio da mesma cidade em que a família residia. Porém, quase não os via. Ele continuava a traficar, agora com mais cuidado. Orei por ele, minha oração o incomodou. Sentindo-me rejeitado, fiquei pouco ao seu lado. Desejei de coração que voltasse ao bom caminho, ao trabalho honrado e honesto.

Fui ver Jair. Encontrei-o no trabalho diário da lavoura de feijão com o pai e os irmãos. Aldo lhe disse uma gracinha e Jair sorriu alegre. Ele estava feliz e em paz com todos. Já não era agressivo, agora era amigo dos irmãos. Também estava forte, cresceu e do ferimento da perna, só três pequenas cicatrizes. Todos estavam bem. Sara também estava tranquila, embora cansada e com o corpo dolorido do trabalho pesado. Ao olhar a família, seus olhos brilhavam de carinho. O amor crescia no seu espírito. Alegrei-me.

Marindo, o desencarnado que ficou para ajudar Jair, veio se encontrar comigo todo contente.

– Antônio Carlos, que bom vê-lo por aqui!

– Como está, Marindo? Como vai o Jair?

– Jair e eu estamos nos entendendo às mil maravilhas. Somos amigos e estamos trabalhando para o bem. Vou lhe contar o que aconteceu.

Conceição e o marido cuidaram bem de Jair. Levaram-no ao médico e um tratamento correto o fez ficar forte e sadio. Isso também porque parou de cometer os excessos que Xarote lhe obrigava a fazer. Um dos filhos de Conceição é umbandista e logo que viu Jair, entendeu que ele era médium, e o levou para visitar seu núcleo. Fomos, ele e eu, muito bem tratados. Expliquei aos trabalhadores desencarnados de lá tudo o que aconteceu e eles nos ajudaram. Os encarnados conversaram bastante com Jair, instruindo-o sobre sua mediunidade, como também deram e emprestaram bons livros a ele sobre o assunto. Jair se interessou e passou a frequentar o local. Aprendemos de modo correto a entrar em intercâmbio. Os oito meses que Jair ficou com Conceição foram de enorme proveito para nós dois.

Quando Jair voltou, Conceição veio com ele e explicou a Sara e Jacó o que ocorria. Eles entenderam e também procuraram um lugar onde Jair pudesse trabalhar sua mediunidade. Na cidade vizinha, achamos um grupo umbandista que trabalha com seriedade para o bem. Fomos lá e nos enturmamos. Jair vai às sextas-feiras, à noite, de quinze em quinze dias. Ele está ótimo e nós dois estamos trabalhando direitinho. Estamos contentes, aprendemos muito. Às vezes, toda a família vai conosco. Eles gostam. Como também Jair tem ido à missa, agora ele ora e esqueceu o passado.

– Fico contente, Marindo, por você e por ele. Que Deus os proteja! – falei alegre.

Despedi-me, e antes de voltar aos meus afazeres fui rever o rochedo. No Plano Espiritual há lugares lindos, mas na Terra, no plano físico, também existem locais com incríveis belezas. Encantos estes que é só reparar e desfrutar. Nosso planeta é formoso e em muitos lugares a natureza é pródiga em maravilhas.

Sentei-me numa pedra no alto do rochedo e me pus a contemplar maravilhado o local. A aldeia mudou muito nesse tempo. Os turistas descobriram as belezas desse recanto. E isso fez muito bem aos moradores, que tiveram mais opções de empregos e meios de ganhar dinheiro trabalhando para as pessoas que ali iam para descansar e desfrutar os encantos do lugar. A aldeia já não parecia tão pobre. A antiga propriedade, a Casa Verde, agora era um hotel pitoresco. O rochedo também estava sendo chamado por outro nome. Parecia que todos ali queriam recomeçar sem lembrar o passado, preferindo não comentar sobre os fatos desagradáveis que ali se passaram.

Sem o grupo desencarnado que frequentava a gruta, ali agora era gostoso, os fluidos do lugar eram benéficos e repousantes.

Algumas pessoas passeavam pela praia. Observei um casal de namorados que excursionava pelo rochedo. Descobriram a fenda na rocha que serviu de abrigo por anos ao casal de imprudentes suicidas. Pareciam se gostar. Amor... Meditei sobre este sentimento tão comentado.

O amor real é algo que a maioria na Terra não conhece.

Como é difícil dissertar sobre este sentimento, sentir e cultivá-lo. Porque muito se tem falado sobre ele e designado outros sentimentos como se fosse amor. Ou então é confundido com algumas situações, como se fosse consequência de sua manifestação. O amor é uma afeição profunda.

Este sentimento não pode, não deve ser egoísta. É caridoso, quer o bem do seu afeto, estando perto ou longe. Não se baseia na mentira, mas na verdade. Não é estéril, dá doces frutos. Não deve ser ocioso, e sim laborioso, no bem de nós mesmos e de todos.

Devemos nos querer bem, se não gostarmos de nós mesmos, como querer bem o nosso próximo? Se não nos amarmos por achar que temos muitos defeitos e somos desagradáveis, que mudemos, tornando-nos melhores para que outros passem a nos amar e admirar. Quando nos queremos bem, podemos também querer a outros. Mas que este amor não nos afunde no egoísmo e vaidade e sim no altruísmo. Ele deve ser benévolo.

Para que esse sentimento cresça em nós, o ódio e rancor não devem ser alimentados, antes devem ser extintos, para que essa plantinha meiga e frágil fortaleça e irradie em nós, de dentro para fora, toda sua beleza.

O amor entre duas pessoas não deve ser confundido com paixão. Paixão é um sentimento arrasador que passa logo e causa estragos. Esse sentimento não deve ser só manifestação física, deve ser uma união onde a felicidade e o bem-estar do outro é mais importante que a nossa própria. Amor... Sentimento forte que une, laça as pessoas, mantendo-as unidas mesmo quando distantes. O amor fortalece o espírito perpetuando uniões. E este afeto sincero deve ser estendido à prole, aos pais, aos parentes e amigos. Aumentando o círculo, até que amemos a todos como o Pai nos ama.

O Pai ensinou-nos a amar como Jesus nos amou. Quando nós na Terra aprendermos a cultivar esse sentimento, seremos muito mais felizes, porque o amor anula nossos erros, leva-nos ao progresso e, consequentemente, à felicidade.

Devemos exercitar para querer bem tudo, nossas tarefas, nossas lições, nossos afetos e desafetos, nossas dificuldades e alegrias. Em tudo o que vamos fazer devemos primeiro amar, colocar o sentimento do amor em tudo. A tarefa nos será mais suave e mais agradável, os resultados surgirão num trabalho bem-feito. Nossa caminhada será mais amena se amarmos os companheiros de jornada. Se amarmos o caminho, surgirão flores para enfeitá-lo.

Ser grato já é sinal de que estamos aprendendo a amar. Sejamos gratos a tudo, a todos e ao Pai. Cultivemos a gratidão sincera, sem nunca exigi-la para nós. Lembrar os benefícios recebidos é um dever, porém devemos esquecer sem cobrança os benefícios que julgamos ter feito. Ao receber agradecimentos, devemos aceitar sem afetação, gostando a quem prestamos favor.

Se amarmos a todos, tudo nos será mais fácil, porque só teremos amigos, seremos recíprocos ao carinho de outros.

Se eu amar, farei esse sentimento expandir, levando outros a fazê-lo também. Quando o amor verdadeiro for mais cultivado, a Terra, então, será uma morada fraterna e todos seremos beneficiados, porque o amor real é alegria e felicidade.

A tarde estava muito bonita, as poucas nuvens no céu formavam figuras pitorescas que cobriam por instantes o sol. As ondas batiam nas pedras do rochedo formando espumas claras e o som que produziam neste encontro era harmonioso. A natureza gera uma indescritível música.

O casal de namorados subiu o rochedo. Passaram por mim com os semblantes cansados, mas felizes. Deles escutei:

– Eu o amo!

– Eu também o amo!

Obras da médium Vera Lúcia Marinzeck de Carvalho

Rosana, a Terceira Vítima Fatal

Suspense, morte e o reencontro, na espiritualidade, de Rosana e Rafael, dois personagens vítimas da violência.

Amai os Inimigos

O empresário Noel é traído pela esposa. Esse triângulo amoroso irá reproduzir cenas do passado. Após seu desencarne ainda jovem, Noel vive um novo cotidiano na espiritualidade e se surpreende ao descobrir quem era o amor de sua ex-esposa na Terra.

Escravo Bernardino

Romance que retrata o período da escravidão no Brasil e apresenta o iluminado escravo Bernardino e seus esclarecimentos.

Véu do Passado

Kim, o "menino das adivinhações", possui intensa vidência desde pequeno e vê a cena da sua própria morte.

O Rochedo dos Amantes

Um estranha história de amor acontece no litoral brasileiro num lugar de nome singular: Rochedo dos Amantes.

espírito Rosângela (infantil)

O Pedacinho do Céu Azul

História da menina cega Líliam cujo maior sonho era ver o céu azul.

espíritos Guilherme, Leonor e José

Em Missão de Socorro

Histórias de diversos resgates realizados no Umbral por abnegados trabalhadores do bem.

Leia estes emocionantes romances do espírito Alexandre Villas

Psicografia de Fátima Arnolde

Memórias de uma Paixão

Mariana é uma jovem de 18 anos, cursa Publicidade e, à tarde, trabalha na agência de seu pai, Álvaro. Na mesma Universidade, por intermédio da amiga Júlia, conhece Gustavo, estudante de Direito, um rapaz bonito, mais velho que ela, alto, forte e com expressões marcantes. Nasce uma intensa paixão que tem tudo para se transformar em amor... Até Gustavo ser apresentado para Maria Alice, mãe de Mariana, uma sedutora mulher, rica, fútil, egoísta e acostumada a ter seus desejos satisfeitos. Inicia-se uma estranha competição: mãe e filha apaixonadas pelo mesmo homem.

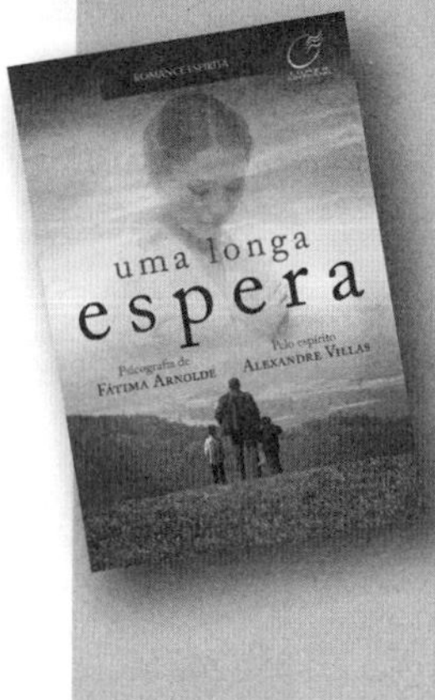

Uma longa espera

Laura, moça de família humilde, envolve-se com Rodrigo, rapaz rico e apaixonado. Ela sabia que jamais os pais dele, preconceituosos e materialistas, aceitariam esse namoro. Para piorar a situação, Laura engravida e, iludida por julgamentos precipitados e pensamentos confusos, termina seu romance com o namorado. Rodrigo, sem nada entender e sem saber da gravidez, muito desiludido, resolve morar no exterior. O tempo passa e Laura tem uma gravidez tumultuada, o que a leva a ter complicações durante a gestação e a desencarnar assim que seus filhos gêmeos nascem. Depois de algum tempo, Rodrigo retorna ao Brasil e descobre a existência dos filhos. Um envolvente enredo que nos mostra os conflitos vividos por relacionamentos conturbados, a falta de amor ao próximo e as grandes lições de provas e reparações que terão de ser experimentadas por todos os personagens a fim de encontrarem seus verdadeiros sentimentos rumo ao perdão.

Enquanto houver amor

Santiago, médico, e sua esposa Melânia, formam um casal feliz de classe média alta. Juntos, eles têm um filho: Domênico. Mas um acidente leva a esposa de volta ao plano espiritual e a família começa a viver momentos tormentosos. Sentindo-se sozinho, apesar da companhia do filho e da mãe Luiza, Santiago se afunda no alcoolismo e vive momentos de tristeza e provação. Mas em meio a tanto sofrimento, eles conhecem Cristal, uma jovem moradora de uma comunidade do Rio de Janeiro, que em seu coração carrega o amor e a vontade de ajudar. O destino de todos vai mudar.

Leia estes envolventes romances do espírito Margarida da Cunha

Psicografia de Sulamita Santos

Doce Entardecer

Paulo e Renato eram como irmãos. O primeiro, pobre, um matuto trabalhador em seu pequeno sítio. O segundo, filho do coronel Donato, rico, era um doutor formado na capital que, mais tarde, assumiria os negócios do pai na fazenda. Amigos sinceros e verdadeiros, desde jovens trocavam muitas confidências. Foi Renato o responsável por levar Paulo a seu primeiro baile, na casa do doutor Silveira. Lá, o matuto iria conhecer Elvira, bela jovem que pertencia à alta sociedade da época. A moça corresponderia aos sentimentos de Paulo, dando início a um romance quase impossível, não fosse a ajuda do arguto amigo, Renato.

À Procura de um Culpado

Uma mansão, uma festa à beira da piscina, convidados, glamour e, de madrugada, um tiro. O empresário João Albuquerque de Lima estava morto. Quem o teria matado? Os espíritos vão ajudar a desvendar o mistério.

Desejo de Vingança

Numa pacata cidade perto de Sorocaba, no interior de São Paulo, o jovem Manoel apaixonou-se por Isabel, uma das meninas mais bonitas do município. Completamente cego de amor, Manoel, depois de muito insistir, consegue seu objetivo: casar-se com Isabel mesmo sabendo que ela não o amava.O que Manoel não sabia é que Isabel era uma mulher ardilosa, interesseira e orgulhosa. Ela já havia tentado destruir o segundo casamento do próprio pai com Naná, uma bondosa mulher, e, mais tarde, iria se envolver em um terrível caso de traição conjugal com desdobramentos inimagináveis para Manoel e os dois filhos, João Felipe e Janaína.

Laços que não se Rompem

Em idos de 1800, Jacob herda a fazenda de seu pai. Já casado com Eleonora, sonha em ter um herdeiro que possa dar continuidade a seus negócios e aos seus ideais. Margarida nasce e, já adolescente, conhece Rosalina, filha de escravos, e ambas passam a nutrir grande amizade, sem saber que são almas irmanadas pelo espírito. O amor fraternal que sentem, e que nem a morte é capaz de separar, é visível por todos. Um dia, a moça se apaixona por José, um escravo. E aí, começam suas maiores aflições.

Os Caminhos de Uma Mulher

Lucinda, uma moça simples, conhece Alberto, jovem rico e solteiro. Eles se apaixonam, mas para serem felizes terão de enfrentar Jacira, a mãe do rapaz. Conseguirão exercitar o perdão para o bem de todos? Um romance envolvente e cheio de emoções, que mostra que a vida ensina que perdoar é uma das melhores atitudes que podemos tomar para a nossa própria evolução.

Romances imperdíveis!
Psicografia de Maurício de Castro

Nada é para Sempre

Clotilde morava em uma favela. Sua vida pelas ruas a esmolar trocados e comida para alimentar o pequeno Daniel a enchia de revolta e desespero. O desprezo da sociedade causava-lhe ódio. Mas, apesar de sua condição miserável, sua beleza chamou a atenção de madame Aurélia, dona da Mansão de Higienópolis, uma casa de luxo em São Paulo que recebia clientes selecionados com todo o sigilo. Clotilde torna-se Isabela e começa então sua longa trilha em busca de dinheiro e ascensão social.

Ninguém Lucra com o Mal

Ernesto era um bom homem: classe média, trabalhador, esposa e duas filhas. Espírita convicto, excelente médium, trabalhava devotadamente em um centro de São Paulo. De repente, a vida de Ernesto se transforma: em uma viagem de volta do interior com a família, um acidente automobilístico arrebata sua mulher e as duas meninas. Ernesto sobrevive... Mas agora está só, sem o bem mais precioso de sua vida: a família.

Herdeiros de Nós Mesmos

Herdeiros de Nós Mesmos
A fazenda Boa Esperança era uma verdadeira mina de ouro. Durante anos, vinha sustentando a família Caldeiras com luxo e muito dinheiro. Mas o velho Mariano, dono de todo aquele império, agora estava doente e à beira da morte. Uma emocionante obra que nos mostra as consequências do apego aos bens materiais, sobretudo quando ele contamina o amor entre as pessoas, gerando discórdia e desarmonia.

O Preço de uma Escolha

Neste emocionante romance, uma trama repleta de momentos de suspense, com ensinamentos espirituais que vão nos ajudar no decorrer de nossa vida a fazermos sempre as escolhas certas sem prejuízo ao semelhante.

Sem Medo de Amar

Até quando o nosso medo de amar vai impedir que sejamos felizes? Hortência, Douglas e Amanda venceram esse desafio.

Ninguém Domina o Coração

Luciana e Fabiano têm uma relação apaixonada, mas a vida separa o casal. Luciana não vai desistir e quer se vingar. Um enredo cheio de suspense, vingança e paixão, no qual descobrimos que ninguém escolhe a quem amar, mas que o caminho do verdadeiro amor deve sempre ser preenchido pelo perdão incondicional, não importando as mágoas de um doloroso passado.

Leia também estes envolventes romances

Psicografados por Selma Cotrim

O limite da esperança

Quem poderia pensar que a vida de Ricardo Linhares mudaria completamente em plena juventude na década de 80? Boa aparência, 21 anos, cabelos pretos, olhos verdes, trabalhador, ele tinha tudo para ser, num curto espaço de tempo, um bom pai e um excelente marido.

Mas enquanto o amor não aparecia, Ricardo queria mesmo era curtir sua mocidade do jeito que mais gostava: com as garotas que conhecia na noite paulistana ou nas baladas. Seus namoros não duravam mais do que uma semana.

Rogério, seu irmão mais velho e preocupado com o estilo de vida de Ricardo, alertava-o para uma nova doença que estava surgindo naquela época: a aids. O confiante Ricardo, porém, acreditava no seu discernimento e nas suas escolhas. Até que o pior aconteceu: em meio a exames de rotina devido a uma febre, o dr. Norberto constata que Ricardo Linhares está com aids. Choque! Pânico! Choro convulsivo! E começa o aprendizado espiritual de Ricardo até a sua passagem para o outro plano da vida.

Pincéis do Passado

Em 1838, Jean Pierre, pintor francês abolicionista, chega a Minas Gerais e conhece Dominique. Ambos se apaixonam e ela resolve fugir da casa de seus pais para casar-se com ele. Contudo, a vida deles dá uma reviravolta e eles começam a passar por conflitos, aborrecimentos e obsessões, tudo isso movido por sentimentos de vingança de encarnados e desencarnados. Esta obra traz preciosas lições sobre a humildade dos escravos e ensina que a libertação do egoísmo e do orgulho é o caminho da felicidade plena e cheia de amor, prevalecendo sobre a vingança e o preconceito.

Obras de Irmão Ivo: leituras imperdíveis para seu crescimento espiritual Psicografia da médium Sônia Tozzi

O PREÇO DA AMBIÇÃO
Três casais ricos desfrutam de um cruzeiro pela costa brasileira. Tudo é requinte e luxo. Até que um deles, chamado pela própria consciência, resolve questionar os verdadeiros valores da vida e a importância do dinheiro.

A ESSÊNCIA DA ALMA
Ensinamentos e mensagens de Irmão Ivo que orientam a Reforma Íntima e auxiliam no processo de autoconhecimento.

A VIDA DEPOIS DE AMANHÃ
Cássia viveu o trauma da separação de Léo, seu marido. Mas tudo passa e um novo caminho de amor sempre surge ao lado de outro companheiro.

QUANDO CHEGAM AS RESPOSTAS
Jacira e Josué viveram um casamentotumultuado. Agora, na espiritualidade, Jacira quer respostas para entender o porquê de seu sofrimento.

O AMOR ENXUGA AS LÁGRIMAS
Paulo e Marília, um típico casal classe média brasileiro,levam uma vida tranquila e feliz com os três filhos. Quando tudo parece caminhar em segurança, começam as provações daquela família após a doença do filho Fábio.

SOMOS TODOS APRENDIZES
Bernadete, uma estudante de Direito, está quase terminando seu curso. Arrogante, lógica e racional, vive em conflito com familiares e amigos de faculdade por causa de seu comportamento rígido.

NO LIMITE DA ILUSÃO
Marília queria ser modelo. Jovem, bonita e atraente, ela conseguiu subir. Mas a vida cobra seu preço.

O PASSADO AINDA VIVE
Constância pede para reencarnar e viver as mesmas experiências de outra vida. Mas será que ela conseguirá vencer os próprios erros?

ALMAS EM CONFLITO
Cecília é casada com Joaquim e ambos têm três filhos: Teresa, Lucas e Marilda. Mas uma fatalidade leva Teresa para o plano espiritual. Joaquim abandona Cecília e os filhos, e passa a viver sua vida como gosta: de maneira egoísta. Apesar das adversidades, Cecília conhece Francisco e por ele se apaixona. Sua vida passa por transformações penosas, mas não injustas: o débito é sempre proporcional à dívida que se contrai em uma existência anterior e imprudente.

RENASCENDO DA DOR
Raul e Solange são namorados. Ele, médico, sensível e humano. Ela, frívola,egoísta e preconceituosa. Assim, eles acabam por se separar. Solange inicia um romance com Murilo e, tempos depois, descobre ser portadora do vírus HIV. Começa, assim, uma nova fase em sua vida, e ela, amparada por amigos espirituais, desperta para os ensinamentos superiores e aprende que só o verdadeiro amor é o caminho para a felicidade.